全国高等院校“十三五”规划教材

Aquafadas 数字出版实战教程

牟笑竹 编著

中国轻工业出版社

图书在版编目（CIP）数据

Aquafadas 数字出版实战教程/牟笑竹编著. —北京：中国轻工业出版社，2019.10

ISBN 978-7-5184-2561-7

Ⅰ.①A… Ⅱ.①牟… Ⅲ.①电子出版物-应用软件-教材 Ⅳ.①G255.75 - 39

中国版本图书馆 CIP 数据核字（2019）第 140106 号

责任编辑：杜宇芳　　责任终审：劳国强　　整体设计：锋尚设计
策划编辑：杜宇芳　　责任校对：吴大鹏　　责任监印：张　可

出版发行：中国轻工业出版社（北京东长安街 6 号，邮编：100740）
印　　刷：北京君升印刷有限公司
经　　销：各地新华书店
版　　次：2019 年 10 月第 1 版第 1 次印刷
开　　本：787×1092　1/16　印张：8.5
字　　数：170 千字
书　　号：ISBN 978-7-5184-2561-7　定价：33.00 元
邮购电话：010-65241695
发行电话：010-85119835　　传真：85113293
网　　址：http://www.chlip.com.cn
Email：club@chlip.com.cn
如发现图书残缺请与我社邮购联系调换
150455J2X101ZBW

前　言

随着互联网的发展和移动设备的使用，越来越多的读者选择数字阅读方式。2018 年全国国民阅读调查报告显示：我国国民数字化阅读方式的接触率为 76.2%，手机和互联网成为我国国民每天接触媒介的主体，纸质书报刊的阅读时间均有所减少。读者对电子书的需求日益增多。在市场的推动下，电子书设计制作成为传统排版工作人员必须学习的一项技能。当下电子书设计制作工具种类繁多，笔者多年置身出版印刷行业，从教学工作中归纳挑选了比较好用的电子书设计制作工具，并总结近几年的教学、参赛、培训等成果，汇集成书以飨读者。

本书主要分 4 个部分，主要内容介绍如下：

第 1 部分讲解了电子书的相关概念。主要介绍了早期电子书形态，电子书的发展过程，电子书常用格式，目前电子书设计制作常用技术解决方案，以及本书主要介绍的非开发式的技术解决方案 Aquafadas 数字出版技术的相关情况。

第 2 部分讲解了 Adobe InDesign 的基本功能。这部分主要针对没有 InDesign 学习基础的读者，帮助这部分读者快速了解上手 Adobe InDesign 的使用。介绍了怎样新建、保存文件，怎样进行文字、图片、图形的处理，怎样进行颜色的设置，怎样进行页面操作以及怎样进行打包和输出等。由于本书所介绍的 Aquafadas 数字出版工具是以插件形式安装在 Adobe InDesign 软件上，所以对 Adobe InDesign 的操作学习非常有必要。

第 3 部分介绍了 Aquafadas 数字出版工具的基本交互功能。这个章节帮助读者了解 Aquafadas 数字出版方案的组成，学习 Aquafadas 官网新建账户和下载工具的方法，Aquafadas 数字出版工具的安装，怎样利用 Project Manager 进行项目的建立、导入、导出、删除等操作，怎样利用 AVE Activity 面板进行交互动作的建立，每个交互功能可以实现的基本效果和延伸效果。

第 4 部分介绍了 Aquafadas 交互功能的综合案例。这部分内容可以帮助读者学习综合运用 Aquafadas 的交互功能进行交互效果的设计制作。每个案例均使用到至少 3 个以上的交互功能，让学习者在掌握了对 Aquafadas 的基本使用后能够灵活搭配每个交互效果，进行电子书交互效果的创意设计制作。

读者在阅读本书时，可用手机扫描章节效果图旁边的二维码，下载素材和效果文件。素材包含对应章节案例中用到的图片、文字、音频、视频等文件；效果文件包含对应章节案例的 zave 文件、案例的 dpe 打包文件和 InDesign 打包文件。将 zave 文件导入 Aquafadas Viewer 阅读器即可查看该案例的完成效果。**素材资源下载：①推荐优先选择通过浏览器扫描二维码进行下载。②通过网址下载全部内容：http：//www. chlip. com. cn/qrcode/150455J2X101ZBW/效果文件 . rar。**

本书适合数字出版的从业者，对 Aquafadas 有一定了解的初学者，也可作为数字出版、网络与新媒体、设计类等相关专业的实训课程教材。

在本书编写过程中得到了上海出版印刷高等专科学校系部领导顾萍老师和图文信息处理教研室全体老师的关心和支持，同时在案例选取和设计上得到北象（上海）数字出版有限公司技术总监吴碧峰先生的帮助，在此表示感谢！感谢家人尤其母亲对我工作的支持，没有您日复一日的付出，就没有我今日取得的成绩。谨以此书的出版献给我的先生和孩子们，纪念我的父亲！

由于编者水平有限，加之写作时间比较仓促，书中难免存在不足之处，恳请读者批评指正，编者在此表示感谢。

牟笑竹

2019 年 4 月 30 日于上海

目 录

第1章 认识电子书

第2章 Adobe InDesign基本功能快速入门

第3章 Aquafadas基本交互功能介绍

第4章 交互功能应用案例

第1章　认识电子书

1.1　电子书的概念

什么是电子书？电子书并非一个全新的概念，早在20世纪40年代的科幻小说里，电子书的概念就被提出，文中将电子书定义为一种需要数字存储和电子阅读屏幕的新型书籍，而此概念与现代电子书的形式已非常接近。电子书是随着电脑的普及使用和互联网的快速发展而产生的新型书籍形式。近年来，随着互联网技术的进一步发展及智能手机、平板电脑等移动设备的广泛使用，电子书的形式也在不断更新，如图1-1所示。

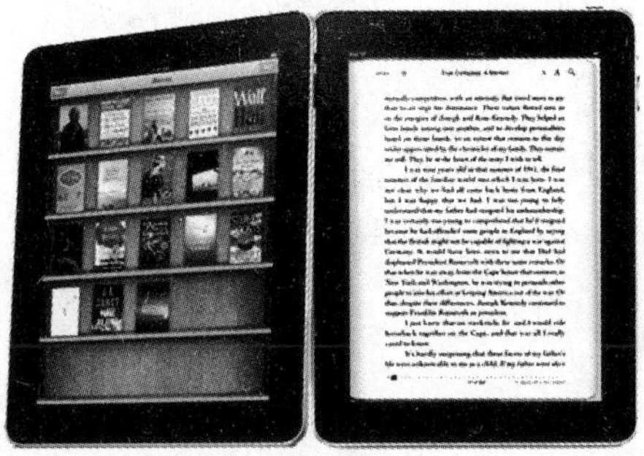

图1-1　IPAD电子书

电子书的发展主要经历了三个阶段。第一阶段，可以称为电子书的1.0阶段。早在20世纪60年代，第一批电子期刊就出现了，美国出版界和科技界提出了电子书籍的编辑出版。到70年代末，美国布朗大学软件工程师、计算机学教授安德里斯·范·达姆提出了“electronic book”的术语，并将e-book作为electronic book的缩写。20世纪90年代已经出现了纸质书籍的翻版，即纸质书籍的扫描版，但没有将数字化的特征表现出来，是不具备任何多媒体效果的电子书籍。PDF格式的产生在电子书籍阅读方面如虎添翼，其时欧美等国家电子书籍均采用此种格式。第二阶段，随着多媒体技术的应用和社会的进步导致信息传播方式转变，并对信息产生新的需求。可称为电子书的2.0阶段。多媒体技术的数字化、集成化和交互性的优势，可以将毫无生气的纸质书籍转化为生动的电子书籍，同时电子书的设计发行也有了进一步的发展。Zeom、Polo等电子书发行平台吸引了大批读者。人们可以很方便地在网站找到并阅读SWF格式的电子书。第三阶段，随着近几年智能设备使用和移动互联网的发展，人们越来越倾向于使用便捷的移动设备搜索阅读电子书，同时对电子书的交互需求也越来越高，如人们可以使用电子书阅读器，如 kindle 连接亚马逊网站下载免费或付费的电子书阅读，也可以从 App Store 下载一些读书应用软件（Application）直接阅读电子书，还可以从 Ipad 自带的书刊杂志 APP 下载最新的期刊杂志，同时这些种类丰富的电子书具备多种交互效果，如全景图、三维模型展示，动画、视频、音频等，大大提高了人们的阅读体验。而电子书的格式除了标准的 epub 格式，还有许多公司自有的加密格式，如 . azw 为 kindle 内置的格式，zave 为 Aquafadas 数字出版系统的阅读格式，此时可称为电子书 3. 0 阶段。

1. 2 电子书的格式

在电子书格式没有明确标准时，各厂商有其各自兼容格式。常见的如 kindle 专用的 . azw 和 Sony Reader 专用的 BBeB，另外还有手机终端常用的 UMD 等。由于没有统一标准，读者购买电子书必须下载与阅读器兼容的格式，造成很多不便。随着电子书阅读越来越普及，市面上逐渐沉淀出一些常用格式。在众多的阅读平台中，最常用的是 EPUB 和交互式 PDF 两种格式。EPUB 作为数字出版物和数字文件发布与交换的标准格式可以说是未来电子书的主流格式。Adobe InDesign 作为业内流行的排版软件，在推出全新的版本 CS6 之后，让熟悉纸稿排版人员，不用花太多时间学习新的操作，就能有效率地完成各种阅读器需求格式的电子书，包括 EPUB、PDF、SWF、Folio 等。另除了 Adobe 之外，有些公司所开发的电子书格式也在某些国家和地区形成局部影响力，如方正飞翔的 dpub、法国 Aquafadas 数字出版系统的 ZAVE 等。下面我们就对这些常见的电子书格式进行详细介绍。

1. 2. 1 EPUB 格式

EPUB（Electronic Publication）格式是根据 IDPF（International Digital Publishing Forum，国际数字出版论坛）所制定开发的电子书格式标准，于 2007 年 10 月正式采用，目前已更新至 EPUB3. 0 版本。EPUB 格式是针对数字出版物和数字文件的发布与交换所制定的一种格式标准。EPUB 格式开放自由，可自动重新编排，内容会自动适应阅读器窗口的宽度，2. 0 之前的版本基本只能支持文字和图片，没有更多的交互，不过从 EPUB3. 0 开始，将会新增一些其他交互，提高 EPUB 格式的阅读体验。

EPUB3. 0 是由四个独立标准组合而成，包括：

（1）Publication 3. 0　定义 EPUB 电子书的出版层级语义和最重要的一致性需求。

（2）Content Documents 3.0　定义使用在EPUB电子书内文中的XHTML、SVG及CSS的配置文件。

（3）Open Container Format（OCF）3.0　定义EPUB文件格式的制作方式，也就是将所有相关文件和资源打包至ZIP压缩文件中。

（4）Media Overlays 3.0　定义文字和声音同步的格式和处理模式。

这些新标准提高了格式的兼容性，可以支持出版业更多的需求，例如：复杂的版面编排（多栏）、丰富的多媒体和互动性、声音与文字同步、中文竖排显示和注音标示、加注记等，打破EPUB格式只适合于用在“较多文字”书籍的误解，而将适用范围扩至杂志、教育性及科学性的专业出版物。EPUB3.0将成为未来电子书的标准，可通行于全世界的各种电子书阅读器。

EPUB3.0基于HTML5，可以实现影像、声音、Adobe Flash等多媒体嵌入，丰富了数字出版内容资源，极大地提高了电子书阅读体验，而且不需要额外的阅读器支持。EPUB 3.0对MediaOverlays进行了重新定义，也就是媒体覆盖，重点用于对文本文件、声音文件的同步处理，包括定义媒体文件、描述播放行为以及媒体层的建立等。MediaOverlays遵循SMIL规范，能够通过对媒体层文件的描述建立同步朗读型书籍。EPUB3.0支持CSS3，增加了文档跨文化应用的特性，可以实现竖排以及支持不同语言。EPUB3.0首次增加了可测试性，以确保用户使用正确的设备来呈现内容。所制作的图书不必限定为XHTML或SVG格式，而是可以选择任何一种格式，只要有相应的阅读系统支持即可，但前提是必须提供XHTML或SVG格式的原始文档，以确保内容正确呈现。

目前EPUB3.0在阅读设备、阅读软件、阅读平台的支持方面取得了一定的进展。Apple iBook、Google Play以及其他专有阅读设备NOOK、Koob已经增加对EPUB3.0的兼容。

在创作与编辑工具方面，Adobe Indesign、Google Sigil均能够创建EPUB。另外，浏览器也开始支持EPUB 3.0，例如Readium（Chrome的免费插件）。在标准支持方面，DAISY、IDEAlliance PSV开始计划与EPUB3.0结合。

从专业技术角度来看，EPUB3.0属于HTML5的子集，只是对HTML5、CSS3、Javascript等多项专业技术的封装与压缩。由此可见，从本质上讲，电子书与网页并无太大差别，未来大众可利用各种终端阅读器满足其自身的阅读需求，阅读内容并不被阅读终端所限制，这成为实现信息共享的重要手段。所以，EPUB3.0必然可获得更深层次的发展。同时，可以预知，未来可有更多的出版商和阅读应用EPUB3.0。

1.2.2 PDF格式

Adobe PDF（Portable Document Format，便携式文件格式）是Adobe用于文件交换

开发出来的格式，其面世已超过 20 年，目前成为全球性的、开放的文件格式，并在 2007 年 12 月成为 ISO 32000 国际标准。PDF 格式具有以下几个主要特性：

（1）完整的文件内容　它可以保留任何来源文件内的源文件信息，包括版面、文字及字体格式、绘图、多媒体、图片、3D 等，而不用考虑建立在这些文件所使用的应用程序。

（2）跨平台　可在各种平台上显示 PDF 文件，包括 Windows、MacOS 和多种移动操作平台（如 IOS 及 Andriod）。可在任何计算机系统上，从任何应用程序都可以获取并显示其丰富的信息内容，并与世界各地的任何人分享。

（3）高安全性　可使用 Acrobat 软件为 PDF 文件上加上数字签名或密码保护，以避免文件被篡改、复制或打印，还可限制机密文件的存取权限。

（4）可搜索　文件和元数据（metadata）的文字搜索功能，可以轻松地在 PDF 文件中进行搜索。

（5）以免费的 Reader 显示　可以在 Acrobat 或免费的 Adobe Reader 中显示，并改变页面的显示缩放比率，让包含复杂细节的图片或图表能够清楚地进行显示。

（6）可扩充性　全球有超过 2000 家的厂商提供以 PDF 为主的解决方案，几乎任何文件，包括 Office 文件、网页文件、排版文件、扫描文件等，都可利用 Acrobat 或合作厂商所开发的软件将文件转换为 PDF 格式。

1.2.3　SWF 格式

SWF 是 Shock Wave Flash 影片文件的简称，是经由 Adobe Flash 软件所生成的文件格式。由于 Flash 是矢量图形，文件小、显示速度快，非常适合在网络上传输，因此在网络上非常受欢迎。SWF 最大的特色就是具有极佳的交互性，可以开发出精彩的互动游戏或复杂的网络应用程序。许多出版儿童图书或绘本的出版社，很喜欢开发这种格式的电子书，就是看重它的互动性元素。不过计算机或其他设备中必须先安装 Adobe Flash Player 才可以浏览内容。

1.2.4　Folio 格式

Folio 是 Adobe 数字出版方案（Digital Publishing Suite，简称 DPS）中的输出格式，必须通过 Adobe 专属的阅读器 Content Viewer 才能阅读。目前已有许多出版社使用这个方案，在 iPad 或 Andriod 系统的平板电脑上销售数字杂志。

由于 Folio 可以包括互动功能，如视频、影片、幻灯片、全景图片、360 度旋转等元素，因此非常适合制作电子杂志。其丰富的多媒体和高互动性的全新体验，总让读者眼前一亮。

因为是以 Indesign 进行制作，而 InDesign 是大部分出版社所常用的排版软件，因此在制作电子书的流程上，不需要再花费太多的学习成本，就可以在最短的时间内完成电子书的制作与销售。

1.2.5 ZAVE 格式

AVE（Adaptive Viewing Experience）是法国 Aquafadas 数字出版解决方案的输出阅读格式。它是一种基于 XML 的格式，最终输出为打包的 ZAVE 格式，需要使用 Aquafadas Viewer 进行阅读。ZAVE 格式包含的 XML 数据描述了文件结构，文件内容和交互特征。ZAVE 格式还包含了图像、视频、PDF、HTML 及其他的一些源文件形式。

AVE 是一种能支持文本、媒体、交互、游戏等多种形式的文件格式。在 Aquafadas 数字出版系统里它有四种表现形式：AVE Comics，AVE MAG，AVE PDF，AVE Reflow。AVE 格式能很好地支持各种类型源文件的阅读。AVE 的阅读器也支持各种平台，如 iOS、Android、WebOS、Web 等。

1.3 电子书技术解决方案

电子书技术解决方案主要有三种：开发类解决方案、非开发类解决方案，开发和非开发结合解决方案。开发类解决方案在做电子书的时候，涉及大量的程序开发工作，需要程序开发人员和设计师协作完成；非开发类解决方案无须程序开发即可完成电子书，由设计师完成平面设计、多媒体交互设计，并可以在电子书商店发布售卖；开发和非开发结合的解决方案则是结合了前面两种技术，主要使用非开发的方式设计制作电子书，视情况介入代码增加电子书交互效果。

本书主要讲解如何用 Aquafadas 数字出版解决方案设计制作电子书交互案例，所讲述内容属于非开发类解决方案。

除了 Aquafadas 数字出版解决方案，还有很多其他方案可以设计制作电子书。其中以 Indesign DPS 为最为主流的方法，可以制作 SWF、Ipad、EPUB 等不同格式的电子书文件。另外像 iBook Author 是 2012 年 1 月由苹果公司发布的免费电子制作工具，iBook Author 制作出的电子书可以在 iBooks 上下载，在 iPad 上阅读。任何人都可以通过它提供的诸多模板自建电子书，插入包括音频、视频、3D 物件等在内的多媒体内容，同时还可以利用 HTML、Javascript 等技术，所有操作都是所见即所得的风格。使用 Muti-Touch widgets 可以添加互动式照片库、影片、Keynote 演示文稿、3D 项目以及更多元素。可以随时在 iPad 上预览正在制作的电子书，完成的作品可方便提交到 iBookstore 上供免费或付费下载。iBook Author 软件是免费的，但只能运行于苹果电脑。在苹果电脑的 App Store 中搜索 iBooks Author，下载至本机，安装即可。iBook Author 制作出来的电子书只能发布于苹果的 iBooks 商店。

国内电子书技术解决方案主要是为方正飞翔移动出版解决方案，该方案主要为具有移动出版和基于移动终端信息传播需求的企业提供全新的数字出版解决方案。该方案最新版本由三大核心产品组成：飞翔 7.0 创意制作工具、翔云云服务平台、橙立方阅读器客户端。用户无须编程即可制作专业级、具有丰富交互体验的电子杂志、多媒体报刊、互动教材、交互式电子书，并通过云服务模式提供 IT 技术平台服务，从而实现低成本移动出版，提升内容阅读体验和内容产品价值。

1.4 Aquafadas 数字出版系统简介

Aquafadas 公司 2006 年成立于法国蒙彼利埃，公司的首款产品是 ComicComposer，2011 年公司形成了创新性的数字出版工具和流程。

Aquafadas 数字出版系统包含四部分：编辑工具、预览工具、发布工具和应用生成工具。

编辑工具包括：InDesign 插件、AVE 交互工具、AVE 项目管理器、ComicComposer 和 MotionComposer；预览工具包括：Aquafadas Viewer 和 iOS Simulator；发布工具包括：Cloud Connect 和 Cloud Authoring；应用生成工具包括：AVE AppFactory iOS、AVE AppFactory Android 和 Xcode，如图 1-2 所示。

图 1-2 Aquafadas 数字出版系统

Aquafadas 的交互式数字出版技术颠覆了传统纸媒到电子媒体出版的单一程式化过程，同时提供了传统纸媒不可能达到的丰富，多维度的信息表达方式将数字出版过程专一化、标准化和流程化。Aquafadas 提供 AVE Interactivity 交互工具可以轻松为电子书添加各类丰富交互，提高交互设计的效率；以 InDesign 插件的形式延续之前排版工作人员熟悉的工作场景，降低了学习成本。无须 IT 人员的介入，可支持 App store、Google Play、Amazon、Web 等多平台发布，如图 1-3 所示。

图 1-3　Aquafadas 数字出版系统发布平台

第2章 Adobe InDesign 基本功能快速入门

Aquafadas 数字出版方案是以 Adobe InDesign 插件形式设计制作电子书，所以操作人员首先要掌握 Adobe InDesign 的基本操作技能。如果您已经是 InDesign 的熟练使用者，那么可以跳过本章。如果您对 Adobe InDesign 的基本操作还比较陌生，那就熟读本章，练好基本功吧。

Adobe InDesign 是一款专业排版工具，它可以将文字、图形、图片等进行组合创意完成操作者想要的效果，同时随着 Adobe InDesign 的不断升级，Adobe InDesign CS6 以后增加了对数字出版功能的支持，Adobe InDesign 还可以支持视频、音频、动画、HTML 等对象的操作。

2.1 新建及保存文件

执行文件-新建文档，新建文件时，根据出版物类型和尺寸进行相应设置。其属性包括页面大小、页数、单页或对页、装订位置、出血、页边距、栏数、栏间距、排版方向等，如图 2-1 所示。

“用途”栏的“打印”“Web”“移动设备”分别代表所建文档用于打印或印刷输出、Web 网页、移动端阅读，用于 Web 或移动设备的文档不需要勾选对页。“主文本框架”勾选后，系统会根据用户所做设置，在边距参考线内建立符合该范围大小的文本框，且主页文本框默认会新建至 A 主页。其他属性则根据实际情况进行选择，如果是用于印刷输出，需要设置出血，通常为 3mm。辅助信息区内的内容不显示在页面中，但可被打包在文件中，数字出版类文档常设置辅助信息区。

点击“边距和分栏”，设置页面的上下左右边距、栏数、栏间距，如图 2-2 所示。

设置好页面的基本参数后就可以进入页面进行文字、图片等对象的编辑操作了。

新建文档后，操作过程中要注意随时按 Ctrl+S 键保存，第一次保存需要指定文件名称及保存位置。操作过程还可随时按 W 键进行效果预览，预览视图模式完全按照最终输

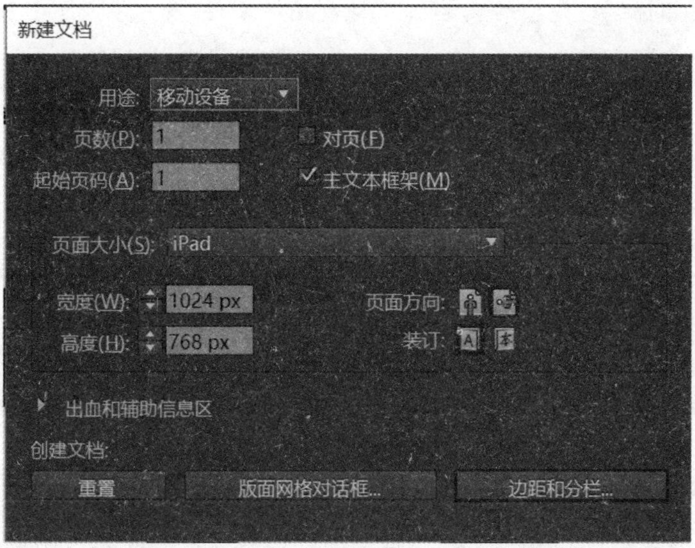

图 2-1 新建文档对话框

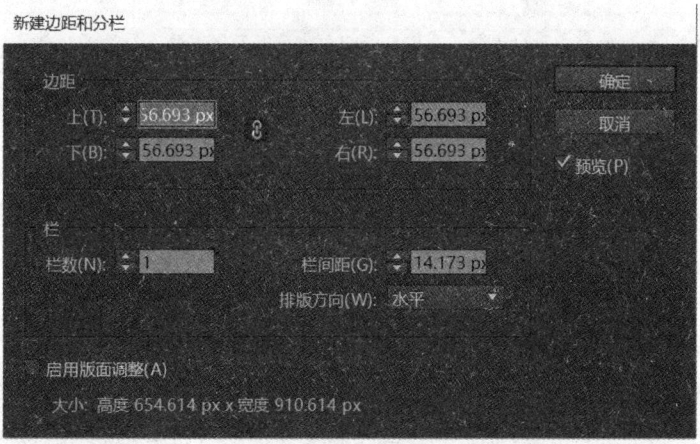

图 2-2 边距和分栏

出的样子显示版面，所有非打印元素（网格、参考线、文本框等）都不显示，而文档内的所有打印元素都会显示出来。

2.2 文字处理与编辑

2.2.1 文字置入

在版面中输入文字有四种方法：一是直接使用文字工具录入文字，这种方法适合少量文字录入，如标题、题注等内容。二是利用“文件”-“置入”工具选择要置入的word或txt文档，进行整体置入。置入时按住shift键代表自动续排，所选择文档被一次性置入InDesign文件，文字框大小默认同版心大小。若不按住shift键，则多于一页的文字在文本框右下角呈现红色加号的溢出状态，如图2-3所示，点击加号到下一页可以继续排入多余的文字。

图 2-3 置入文字

三是复制文本然后粘贴到InDesign页面中。四是将word或txt文档拖拽至InDesign页面中。

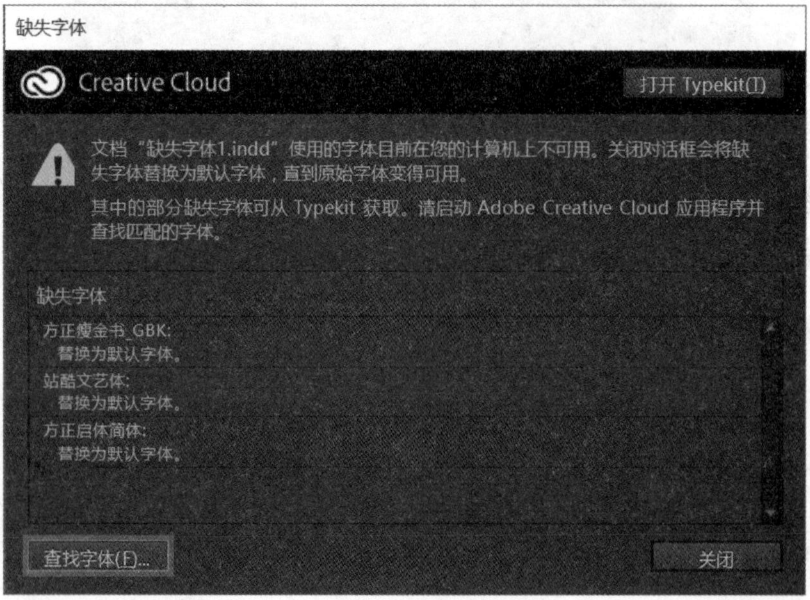

图 2-4 字体缺失

打开 InDesign 文件时，如果出现缺失字体提示信息时，代表文件中使用了计算机系统目前没有安装的字体。此时可按下“查找字体”按钮，如图 2-4 所示，打开对话框，将清单中状态显示为黄色三角形警告图示的字体分别选择后，再“替换为”选项组中选择现有的字体替换，如图 2-5 所示，按“全部更改”按钮进行更改，才能使文件中的文字内容正常显示。若不处理缺失字体就打开文件，这些使用缺失字体的文字会以粉红网底显示。

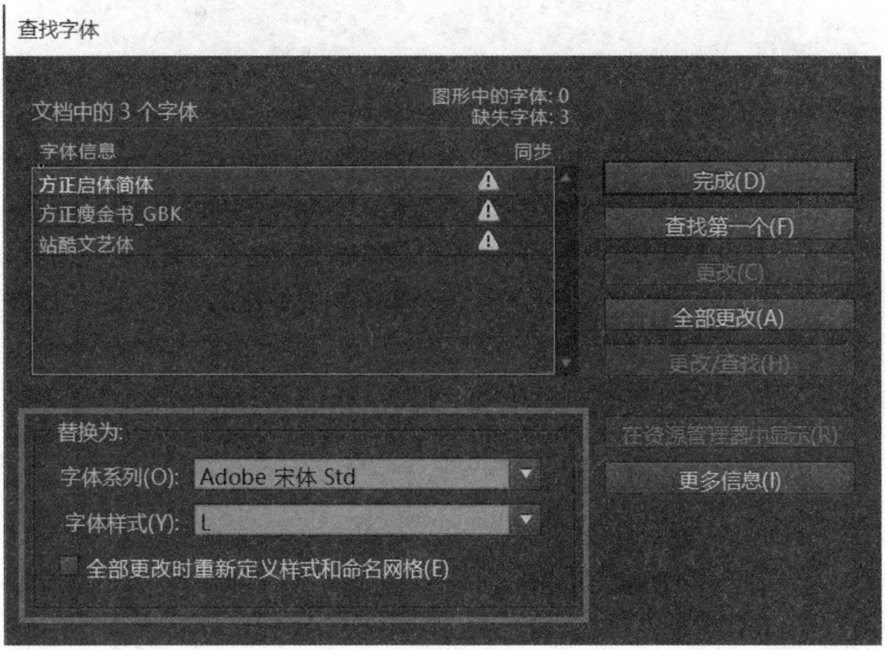

图 2-5 替换字体

2.2.2 文本框属性及串联和断开

置入 InDesign 中的文字都在文本框内，文本框是文字的容器，有文本框的约束版面看起来更规整。选中文本框，右键点击“文本框架选项”，可设置文本框属性。比较常用的如更改文本框文字栏数，设置“内边距”数值调整文字离文本框上下左右边距，如图 2-6 所示。还可以选中文本框，给文本框添加描边及颜色。每个文本框有八个控制点，文本框左上和右下的两个方块代表输入点和输出点，如图 2-7 所示。点击代表溢出文本的红色加号，继续排入的文本框与前面的文本框是串联关系。双击输入点或输出点，可中断框架之间的连接。

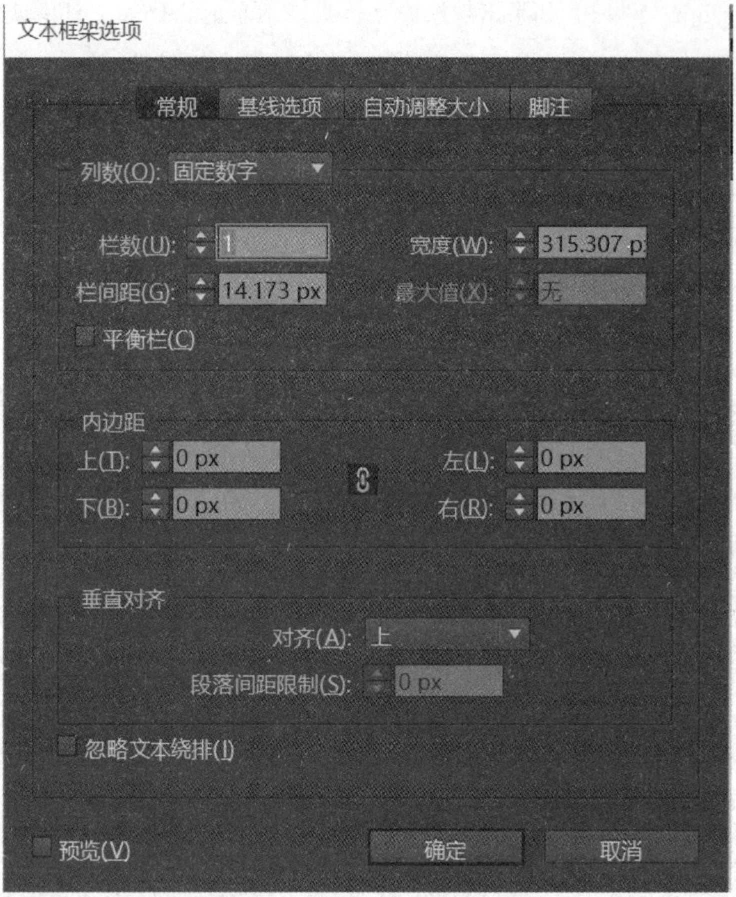

图 2-6 文本框架选项

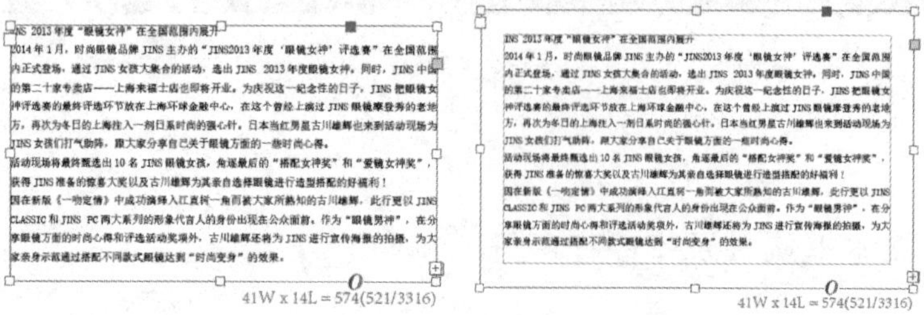

图 2-7 修改内边距

2.2.3 文字属性设置

在一本电子书中，文字是页面的重要元素之一。字体、字号、行距等设置，直接关系到读者的阅读体验。字号可以区分文字间的层级关系，在制作电子书时，正文字号大小的设置需要考虑屏幕的大小，字号太小会看不清，造成阅读困难，字号太大占空间，且不美观。新建文档的用途选择移动设备后，字号默认用点数制计算。一般 1024×768 的屏幕正文字号可设置为 18 点。用于移动设备文档的排版，其字体与用于打印输出的略有不同，比如正文常用中等线、细等线、细圆、细黑、书宋、报宋，另外还有一些不常用，但能营造艺术气质的字体，如方正瘦金、方正秀丽、方正悦宋等。用于标题的如黑体、大黑、小标宋、大标宋等。舒适的行距很重要，行距太密，容易造成阅读疲劳，行距太疏，版面看起来很松散。通常行距设置为字符大小的 1.5～2 倍。字体、字号、行间距等文字属性一般在“文字”-“字符”面板中进行设置，如图 2-8 所示。更多文字属性设置，如下划线、着重号、删除线、拼音、上下标等，则需要点击“字符”面板右上角的更多横线展开选择。

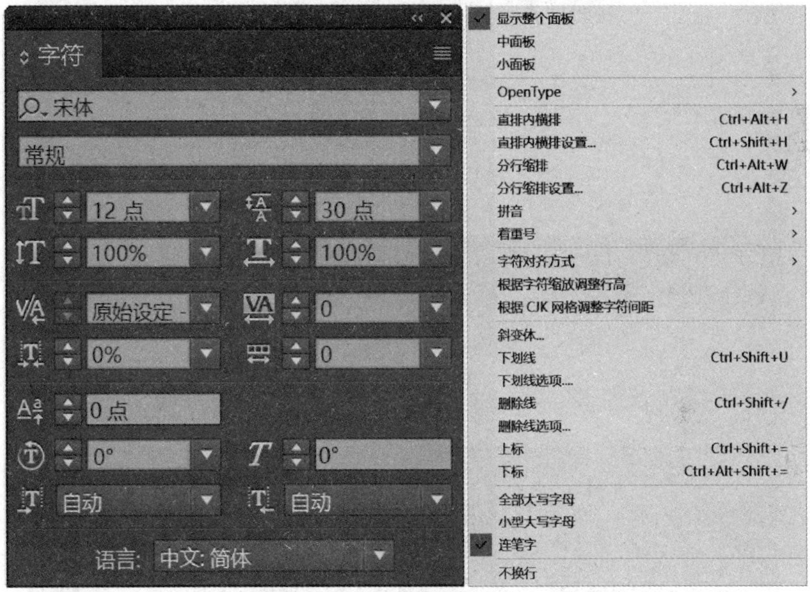

图 2-8 文字属性设置

2.2.4 复合字体

当段落中包含中文、英文、数字或符号时，如果仅设置中文字体，则英文或数字应用的结果可能并不美观；但如果选用英文字体，中文和标点符号则可能无法正常显示。为了使文字段落呈现的字体符合语系的特性，可视需要分别针对中文、英文、数字或符号等指定不同的字体，将其组合成所需的字体，这种组合字体就称为“复合字体”。复合字体会显示在字体列表的开始处。

复合字体使用前要先建立。点击“文字”菜单“复合字体”命令，打开“复合字体编辑器”对话框，点击“新建”按钮，如图 2-9 所示。

输入复合字体名称，如“宋体＋Arial”，即汉字使用宋体，标点、符号、罗马字和数

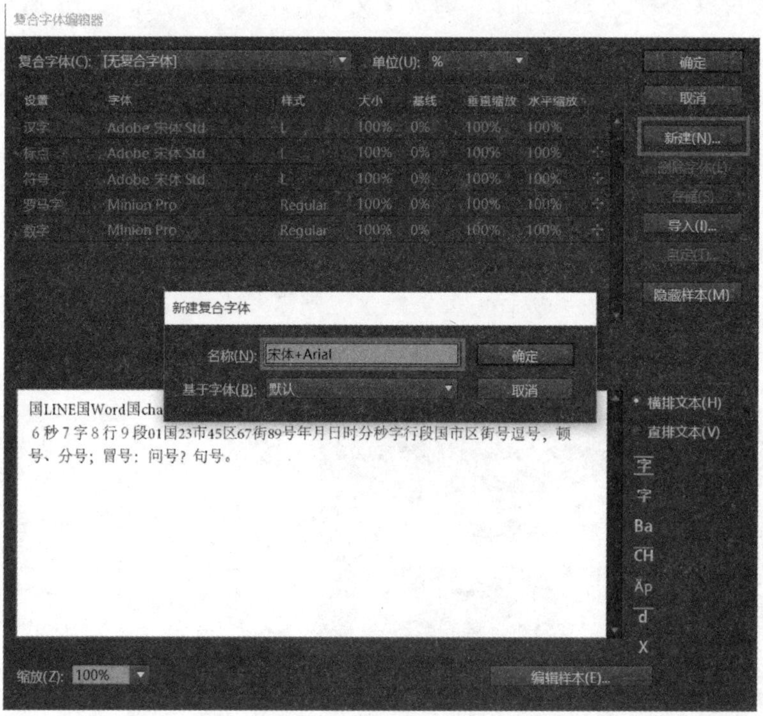

图 2-9　新建复合字体

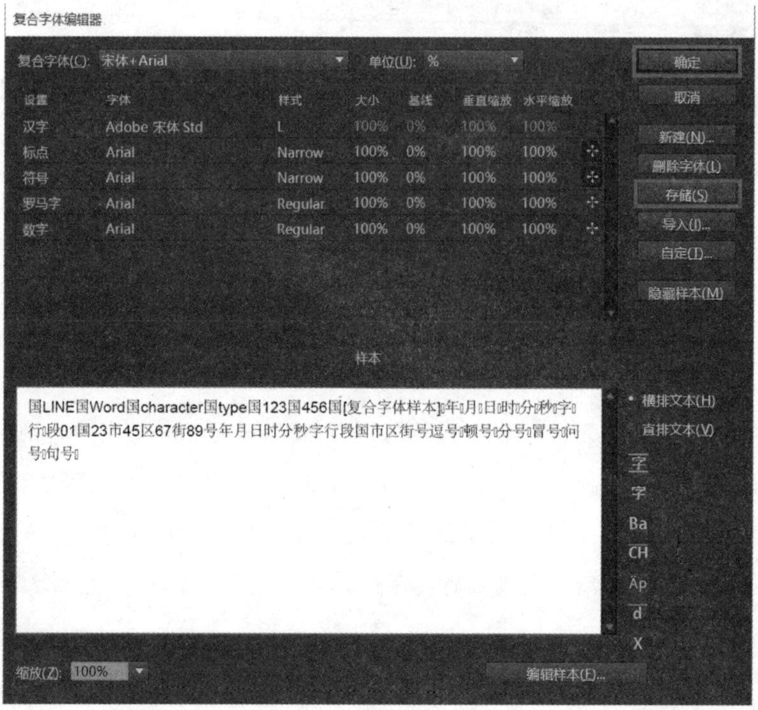

图 2-10　保存复合字体

字使用 Arial 字体，如图 2-10 所示。设置完成后点击“存储”按钮，储存新建的复合字体设置。完成所有复合字体的设置后点击“完成”按钮。新建的复合字体可以在字体列表框中找到，如图 2-11 所示。

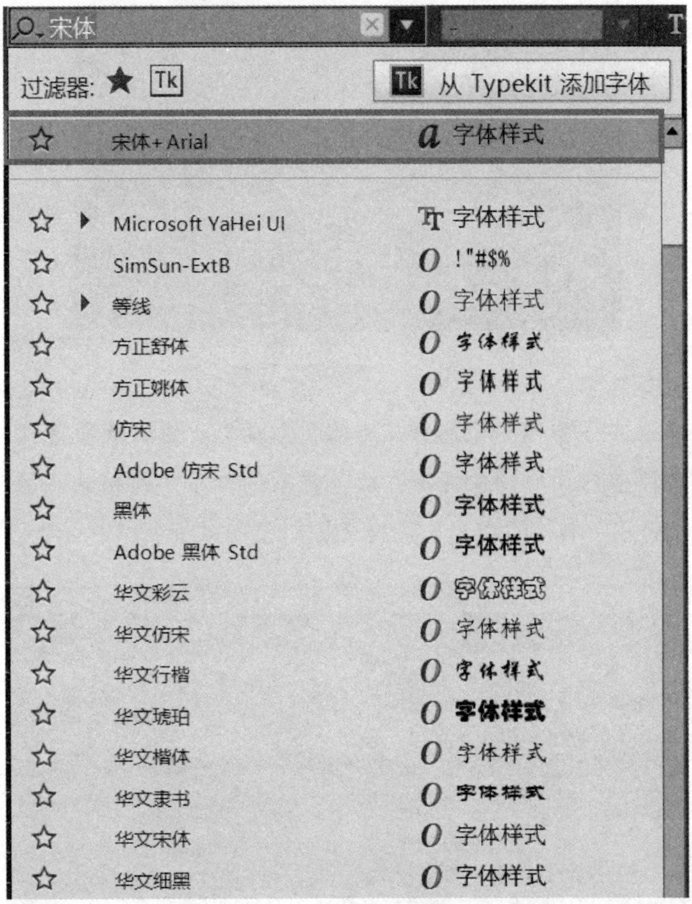

图 2-11　复合字体应用

2.2.5　样式的使用

样式是一组命名的格式组合，InDesign 中除了字符样式、段落样式外，还可以设置网格、对象和表格等样式。本小节主要讲解与文字有关的字符样式与段落样式。

新建样式，可以通过“样式”面板进行。不管字符样式还是段落样式都可以预先设置格式或以现有的格式新建。段落样式设置以段落为单位，字符样式则以字符为单位，因此样式设置或应用时要先选择范围。

点击“窗口”-“样式”-“段落样式”，打开“段落样式”面板。点击创建新样式按钮，会生成默认名称“段落样式 1”的新段落样式，如图 2-12 所示。

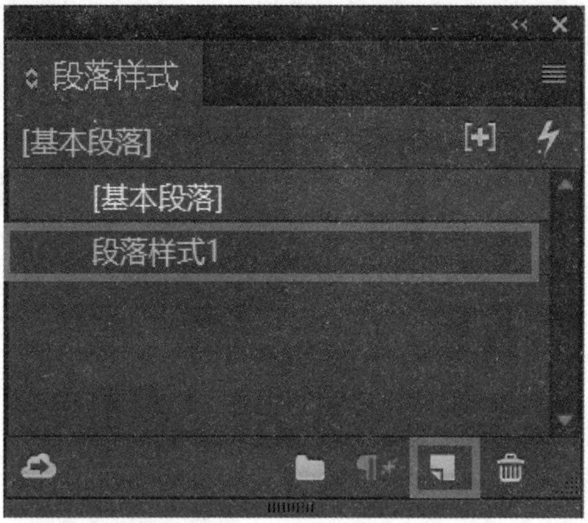

图 2-12 新建段落样式

双击“段落样式 1”，弹出“段落样式选项”对话框，编辑该段落样式。在“段落样式选项”中可设置段落样式应用快捷键，段落样式的基本字符格式，如字体、字号、行间距等，可设置缩进值、首字下沉、嵌套样式等格式，如图 2-13 所示。

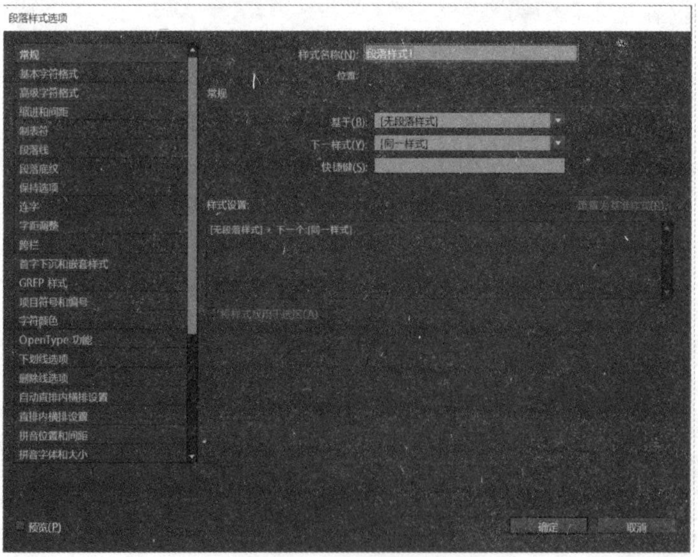

图 2-13 编辑段落样式

设置完成后，点击“确定”。选中或者将光标放在要应用“段落样式 1”的段落，点击“段落样式 1”即可应用段落样式 1。

点击“窗口”-“样式”-“字符样式”，打开“字符样式”面板。参照段落样式新建的操作步骤，新建所需的字符样式。用文字工具选中字符范围，单击新建的字符样式即可应用。

样式应用后随时可根据需要进行修改，一旦更改，所有应用该样式的内容都会同步更新。

2.3 图片处理与编辑

在 InDesign 中置入图片的方式与文字相同，都是执行“文件”-“置入”命令或者快捷键 Ctrl+D，可以一次置入多张图片，置入的图片文件名会显示在“链接”面板中。

置入图片时，可先用矩形工具或矩形框架工具建立框架，也可以置入后再决定放置的位置。

可以在置入对话框中勾选“显示导入选项”复选框，做进一步的导入选项设置，而置入的选项也会根据图像类型而异。在“显示导入选项”复选框中可选择是否置入图片的 Alpha 通道，如图 2-14 所示。是否置入图片的全部图层，选择哪个配置文件等选项，如图 2-15 所示。

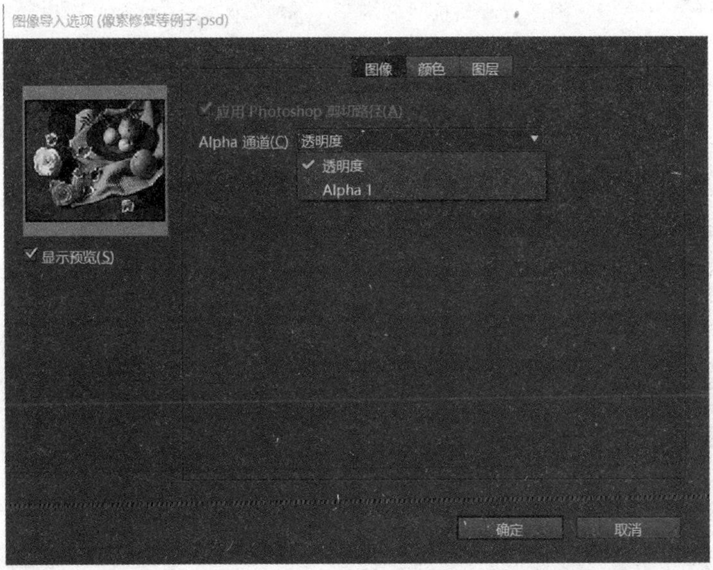

图 2-14 勾选“显示导入选项”图像选项

当同时置入多张图片时，按下鼠标左键拖拽矩形框，同时使用上下左右键调整图片放置的行数和列数，可同时摆放好多张图片，如图 2-16 所示。向上键增加行数，向右键增加列数，向下和向左键分别减少行数和列数，如图 2-17 所示。

已经置入页面的图片可以通过控制面板上的“适合”按钮或者“对象”-“适合”按钮调整图片与框架的尺寸适应关系。共有五种适应关系：按比例适合内容、按比例填充框架、内容适合框架、框架符合内容和内容居中。将光标移到图片上时，图片中央会出

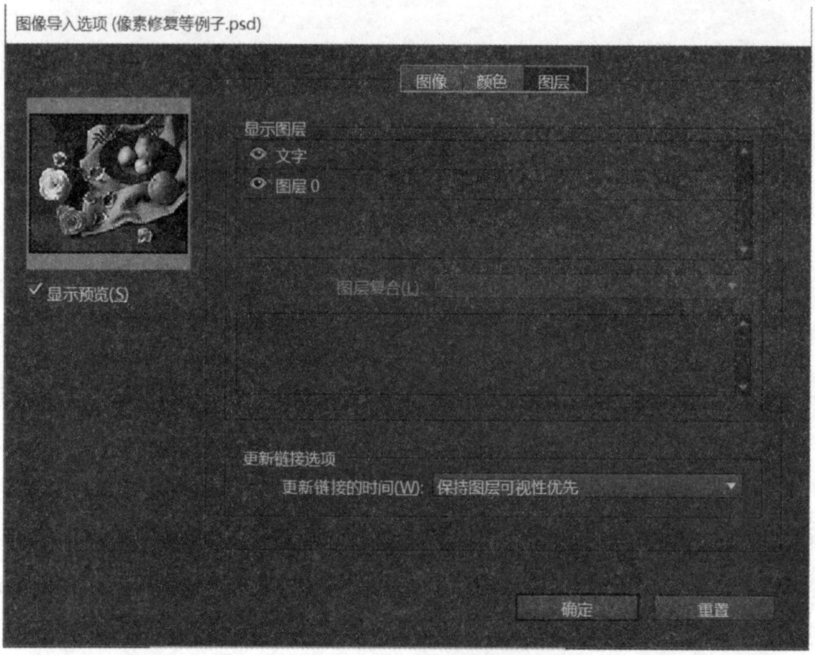

图 2-15 勾选“显示导入选项”图层选项

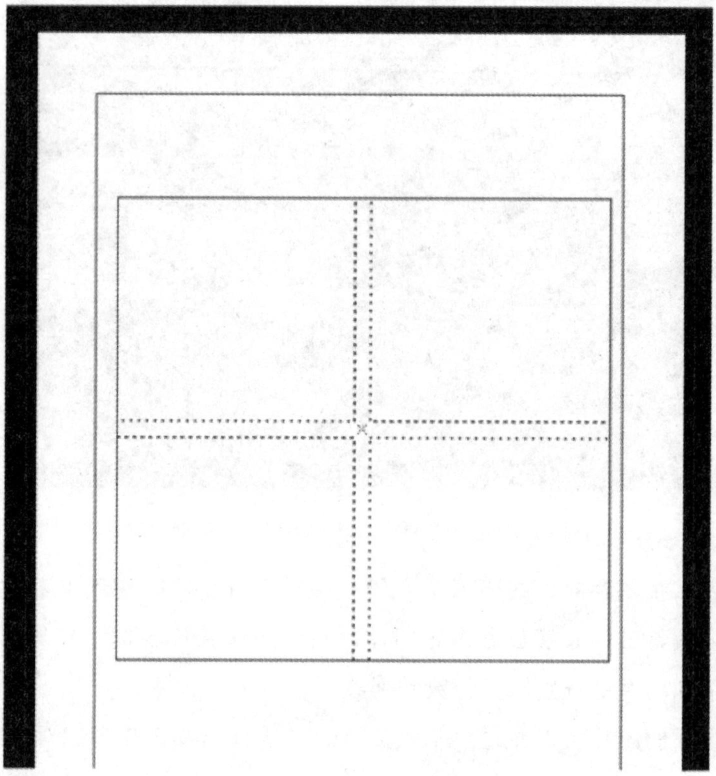

图 2-16 快捷键增加行数和列数

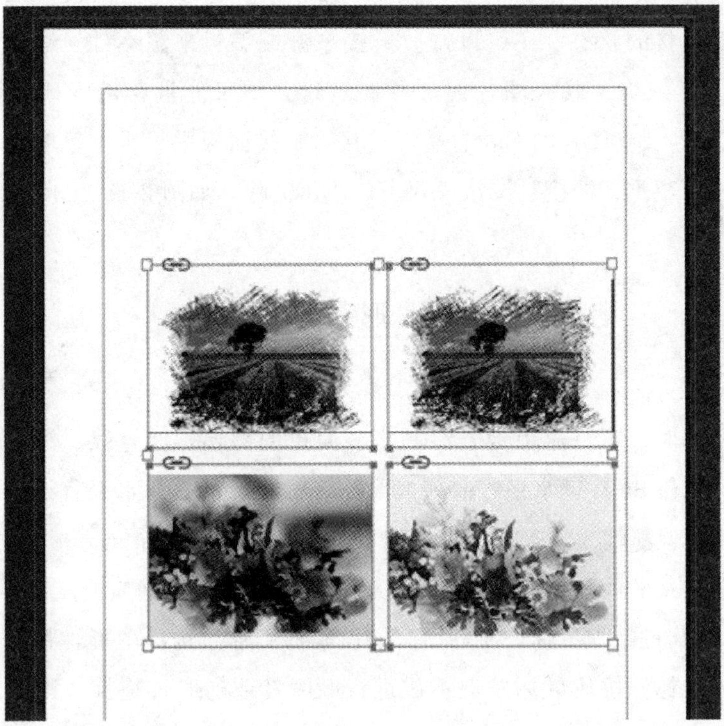

图 2-17　快速置入对齐图片

现双圈图示的内容抓取工具，显示为手形，按住鼠标左键，拖拽图片可调整图片在框架中的显示范围。

直接拖拽图片控制锚点只能调整图片框架大小，按住 Ctrl＋Shift 再拖拽图片控制锚点可同时等比调整框架和图片大小。

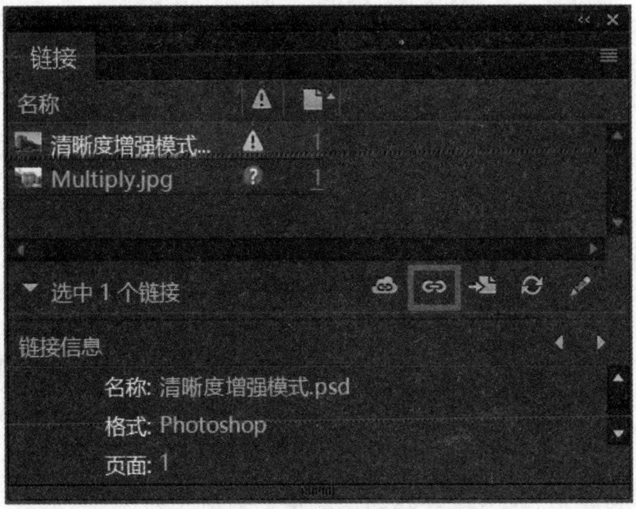

图 2-18　链接面板

InDesign中置入的图片会显示在“链接”面板中，通过链接面板可以了解图片在文件中所在页面和链接的状态，还可以修改链接来源或编辑来源文件。链接面板中显示红色问号时表示图片缺失，载入图片的文件夹里这张图可能被移动或删除，此时可单击“重新链接”按钮，找到图片的新位置重新链接。链接面板中显示黄色叹号时表示图片被修改，此时可按下“重新链接”按钮或双击该按钮消除，如图2-18所示。

2.4 图形基本操作

在制作电子书时，不可避免地要绘制一些简单的图形，如直线、矩形、圆形等。如用直线工具，按住Shift键水平方向拖拽鼠标，就能绘制一条水平直线，同理可绘制垂直直线。用矩形工具，按住Shift键拖拽鼠标，就能绘制一个正方形；若不按Shift键拖拽鼠标，绘制出来的就是矩形。用椭圆工具，按住Shift键拖拽鼠标，就能绘制一个圆形；若不按Shift键拖拽鼠标，绘制出来的就是椭圆形。选择图形，将光标放在某个角上，会变成旋转光标，按住鼠标左键不放进行顺时针或逆时针拖拽，则图形会旋转一定的角度。对图形，还可以进行各种编辑，如窗口-描边面板，可改变线的粗细、类型（如实线、虚线、点线等），还可以为线设置各种箭头。InDesign具有原位粘贴功能，在前一页复制对象，到后面的页面可选择，右键-原位粘贴，则粘贴的对象与上一页的对象位置相同。原位粘贴的对象可以是文字、图形、图片、框架，甚至参考线。还可以将多个图片、图形、线条、文字编组在一起，便于一起移动。选中多个对象，右键-编组即可。

2.5 颜色设定与操作

单击“窗口”-“颜色”-“色板”右上角的详细列表按钮，选择“新建颜色色板”，如图2-19所示。将“颜色模式”改为RGB，电子书在屏幕上阅读，所以用RGB模式，如图2-20所示。拖动RGB颜色条改变颜色，调整好颜色后，点击“添加”，可将新建颜色添加到“色板”列表中，如图2-21所示。

在对图形使用颜色时，需要区分的是为其设置填充颜色还是描边颜色。

选中图形，点击“色板”列表里的颜色，当“格式针对容器”按钮下陷，填色按钮在上方，表示当前是对图形进行填充颜色，如图2-22所示。单击“色板”面板中的描边，使之处于上方，则表示改变的是图形描边的颜色，如图2-23所示。

对文字同样有填充颜色和描边两种选择。选中文字，当“格式针对文本”按钮下陷，

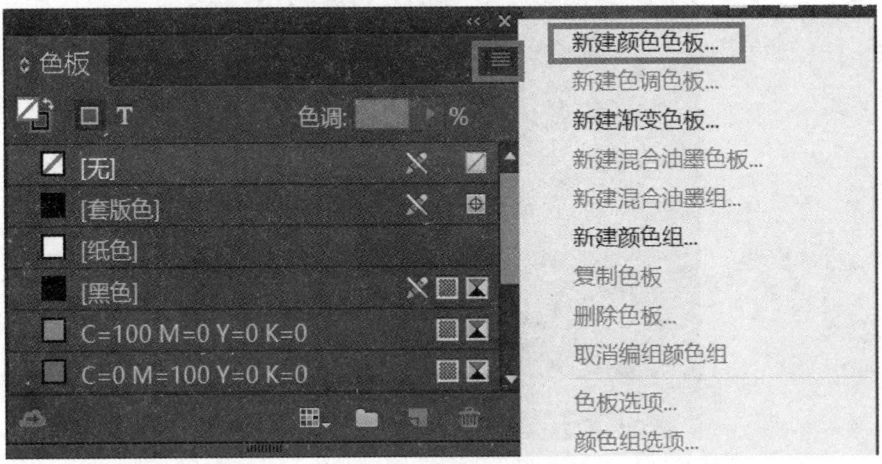

图 2-19　色板新建颜色

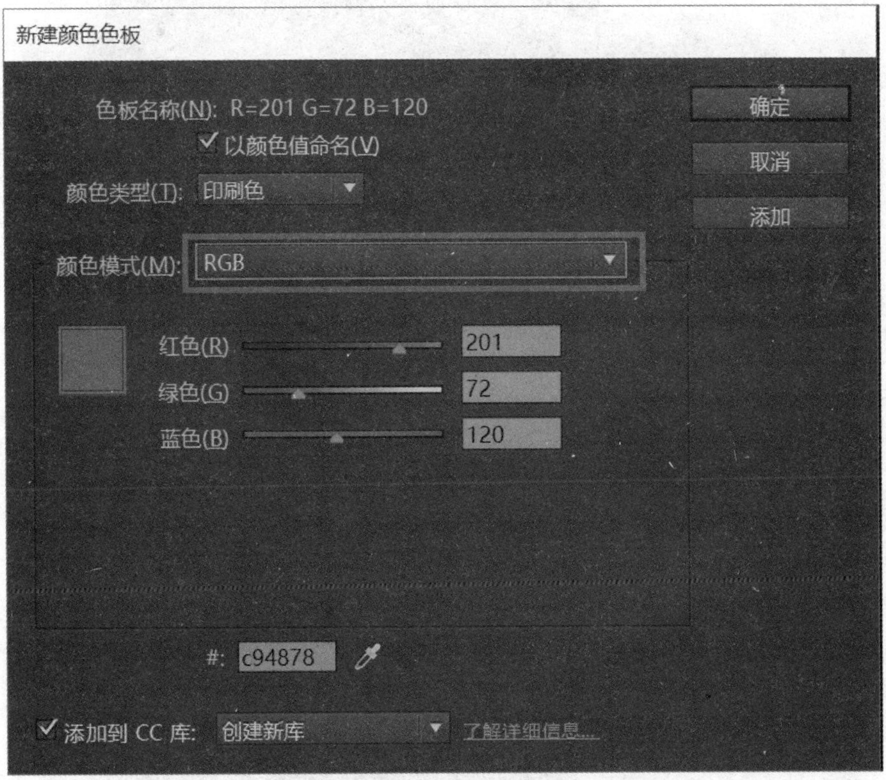

图 2-20　色板新建颜色数值设置

填色按钮在上方，表示当前是对文字进行填充颜色，如图 2-24 所示。点击色板面板中的描边，使之处于上方，则表示改变的是文字描边的颜色，如图 2-25 所示。

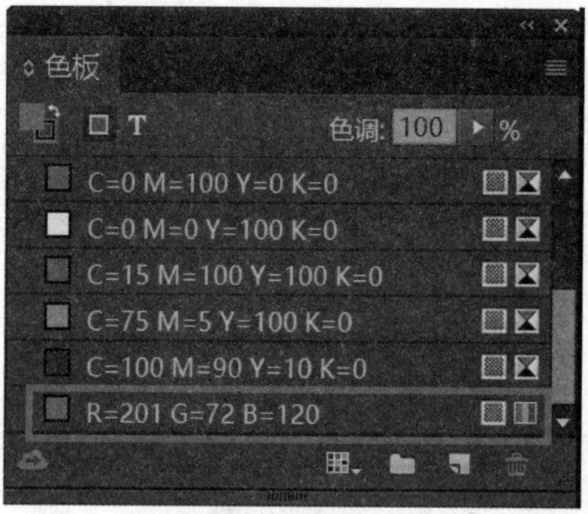

图 2-21 色板查找新建颜色

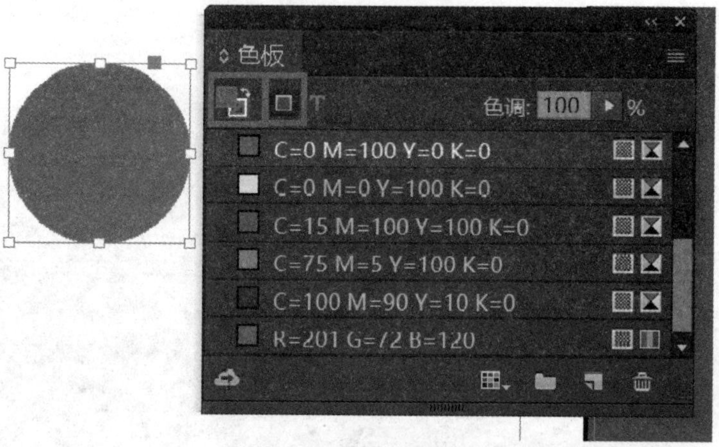

图 2-22 色板填充图形颜色

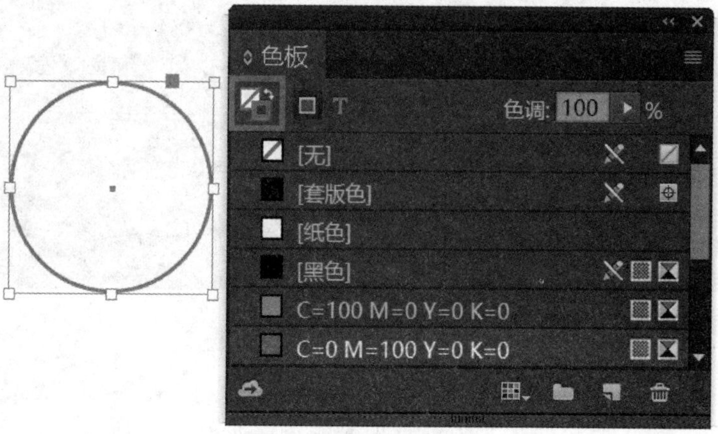

图 2-23 色板描边图形

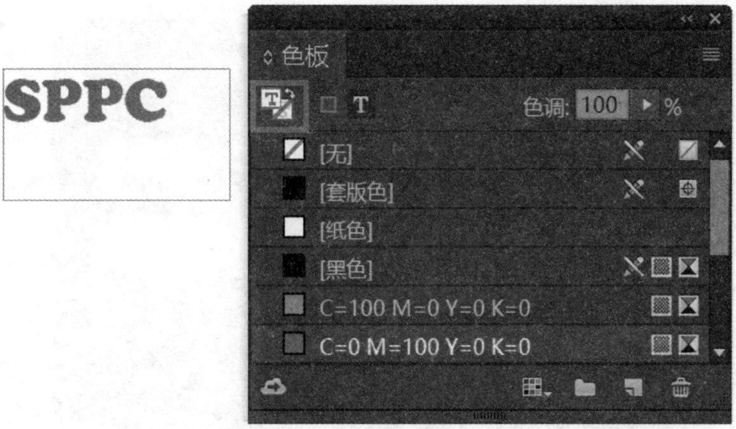

图 2-24　色板填充文字颜色

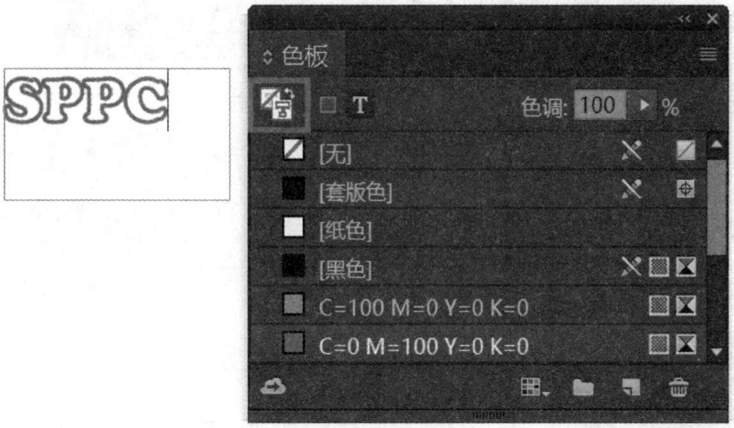

图 2-25　色板描边文字

2.6　页面操作

在 InDesign 中可通过“窗口”-“页面”面板对 InDesign 文档页面进行整体管理。如可进行复制页面、新建页面、删除页面、设置主页、应用主页、插入页码等操作。

“页面”面板右下角的三个按钮分别代表复制页面、新建页面、删除页面，如图 2-26 所示。选择页面，点击相应的按钮可以复制当前页，或在当前页面之后插入新页面，或者删除当前页面。还可以用鼠标选中“页面”面板的页面列表，直接拖动，更改页面的位置。

双击“页面”面板上方的主页可进入主页编辑状态。主页的作用在于可以将页面中重复出现的元素设计到主页上，然后应用到普通页面中，减少重复操作，方便统一修改。

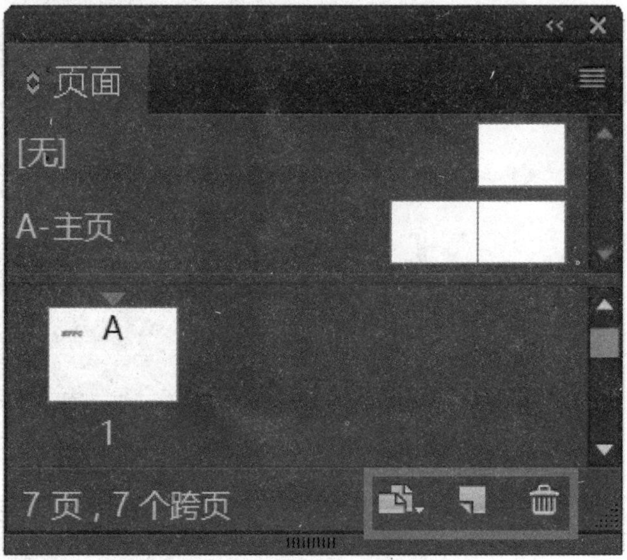

图 2-26　复制、新建、删除主页

例如，页眉和页码就可以设计到主页上。

点击“页面”面板右上方的详细列表按钮，点击“新建主页”，如图 2-27 所示，可建立以字母“A-Z”为前缀的不同主页，以应用在不同的章节，如图 2-28 所示。

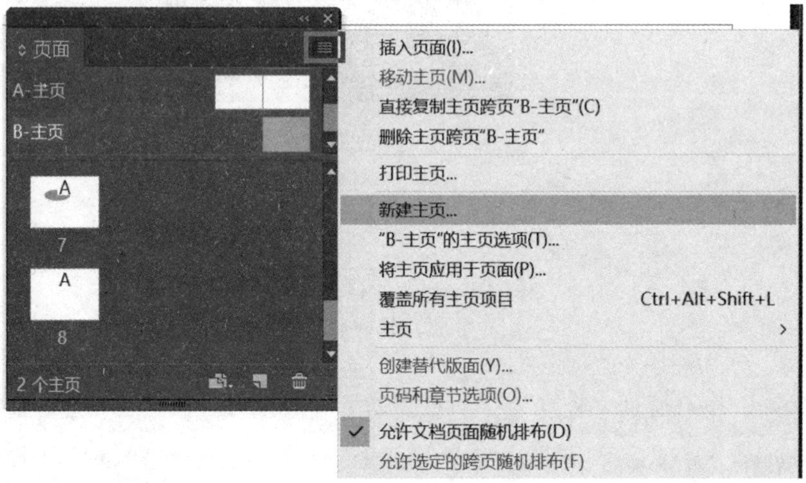

图 2-27　新建主页

点击“页面”面板右上方的详细列表按钮，选中“将主页应用于页面”，可将设计制作好的主页应用于指定页面或全部页面。例如，填写 6-10，则代表将 B 主页应用于文档的第 6 页至 10 页。选中“所有页面”则代表将 B 主页应用于该文档所有页面，如图 2-29 所示。

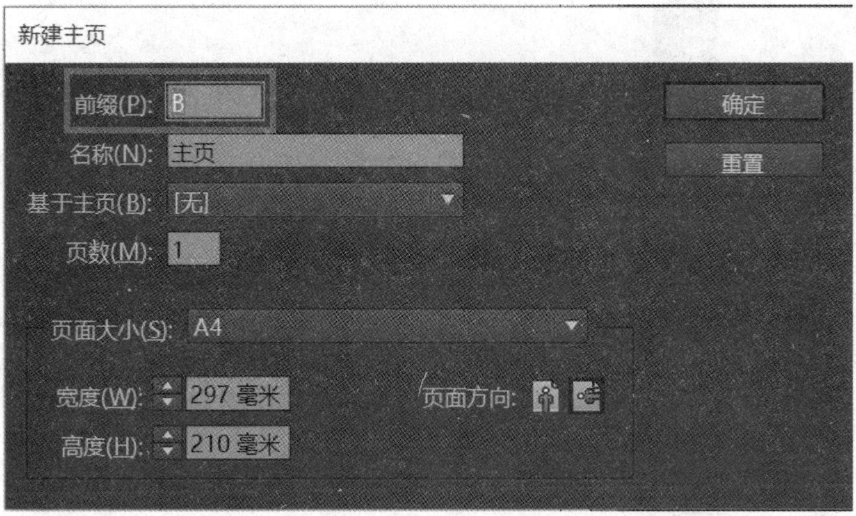

图 2-28　新建主页对话框

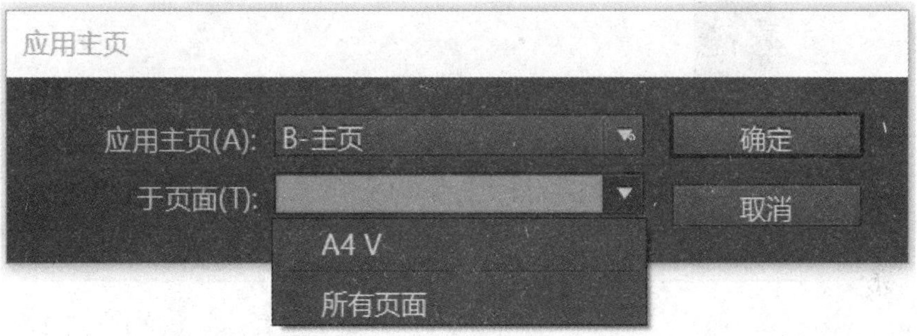

图 2-29　应用主页

在主页中还可以设置页码。双击“页面”面板的“A-主页”，由普通页面跳转到 A-主页。用文字工具在页面内绘制文本框，执行“文字”-“插入特殊字符”-“标志符”-“当前页码”，即完成设置页码的操作，如图 2-30 所示。将左页页码占位符复制粘贴到右页，则右页也执行相应的页码编号。

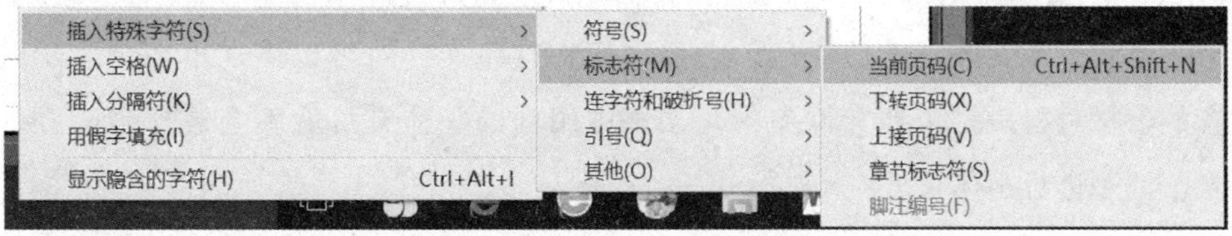

图 2-30　插入页码

完成后，在文本框内出现 B 字母，代表是在 B 主页下插入的页码占位符，如图 2-31 所示。双击普通页面，切换到普通页面状态，则显示相应的页码编号，如图 2-32 所示。

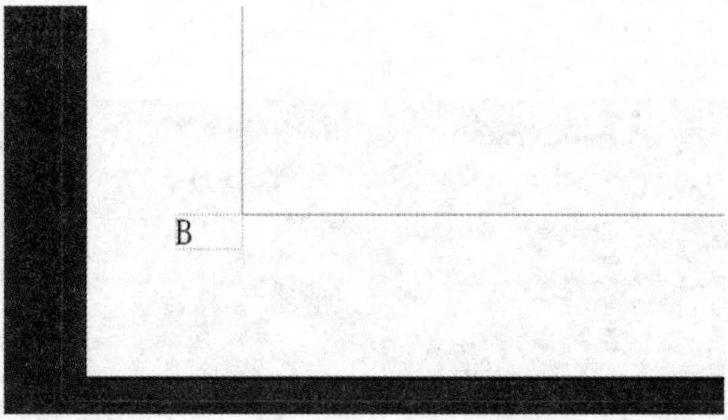

图 2-31 主页页码占位符

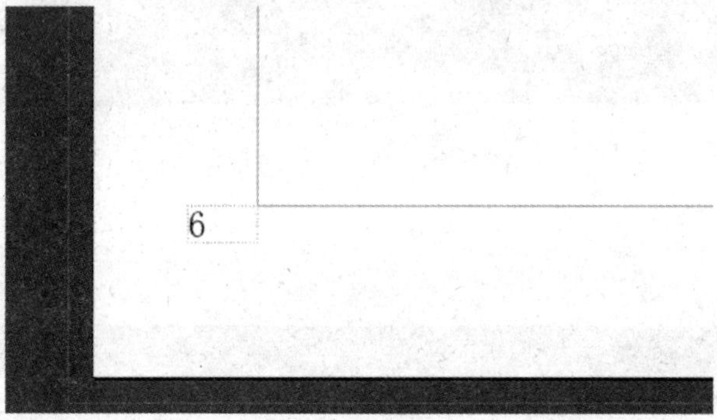

图 2-32 普通页页码显示

2.7 打包与导出

打包可以将制作文件整理得很规范，导出可以将做好的电子书发布到不同的平台。

设计制作完成后，文档里所用到的链接图有可能放在不同的文件夹中，我们可以使用打包功能，将分布在各文件夹里的链接图归纳到一起，或是链接图都在同一文件夹中，但里面也有设计中未使用的素材。打包功能可以剔除没有使用的素材，减少文件量。前面的讲述中，还提到的辅助信息区，它的作用在打包文件时可以体现出来，辅助信息区里放置的素材可以被打包到文件夹中。文件中用到的字体有可能不会被打包，这时需要我们自己动手进行字体拷贝。

点击“文件”-“打包”，弹出“打包”对话框，可以检查链接图是否有缺失和修改，字体是否缺失等，单击“打包”按钮，如图 2-33 所示。在弹出的对话框中单击“继续”，选择存储路径，单击“打包”按钮，如图 2-34 所示。打包文件夹中包含 .indd 文件、Links 文件夹（存放链接图）、Document fonts 文件夹（存放英文字体）、.txt 说明，如图

2-35所示。

执行“文件”-“导出”，可以在格式下拉列表可选择不同的导出格式，以适应不同的平台需要。目前电子书以交互 PDF 和 EPUB 等为主要阅读格式，读者可根据需要进行选择，如图 2-36 所示。

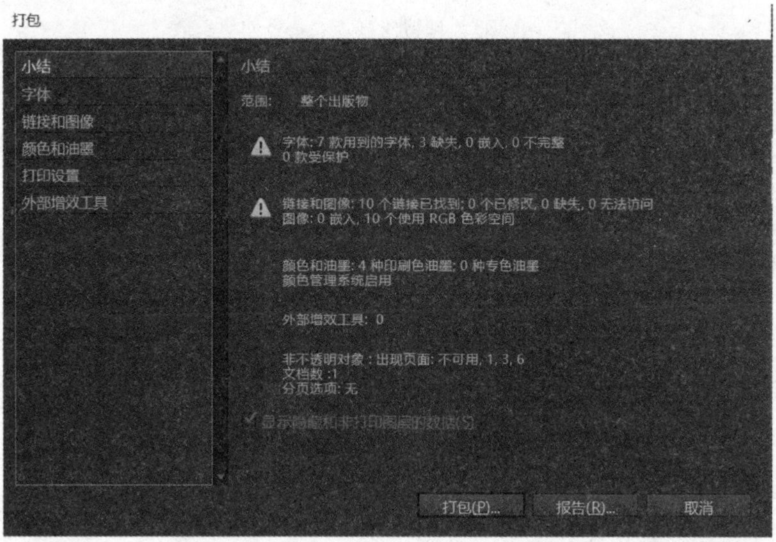

图 2-33　打包对话框

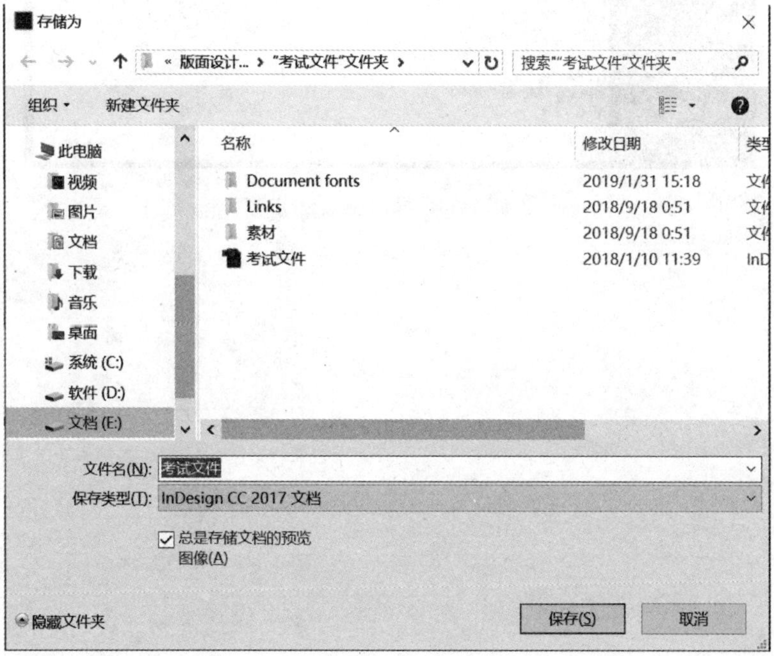

图 2-34　打包文件保存

图 2-35 打包文件夹包含文件

图 2-36 导出交互 PDF

第3章 Aquafadas 基本交互功能介绍

3.1 基本界面简介

已经安装 Aquafadas 插件的 Adobe InDesign CS6，在菜单栏增加了 Aquafadas 菜单，如图 3-1 所示。该菜单包含 AVE Project Manager 和 AVE Interactivity 两项功能。AVE Project Manager 进行项目管理，AVE Interactivity 进行交互功能添加。

图 3-1　InDesign 安装插件后界面

点击 AVE Project Manager，弹出登录界面，用户可使用已在 www. aquafadas. cn 注册过的用户名和密码登录，也可以任意输入用户名后选择离线登录。离线登录是更为常用的方式。注意此处 Server 需选择 Chinese，如图 3-2 所示。

AVE Project Manager 是项目管理工具，包含新建项目、新建文件夹、导入 dpe 文件、导出 dpe 文件、复制项目、刷新、删除项目、生成项目、测试、回收等功能，如图 3-3所示。

AVE Project Manager 界面右上角按钮可设置界面语言，此处选择为“中文”。同

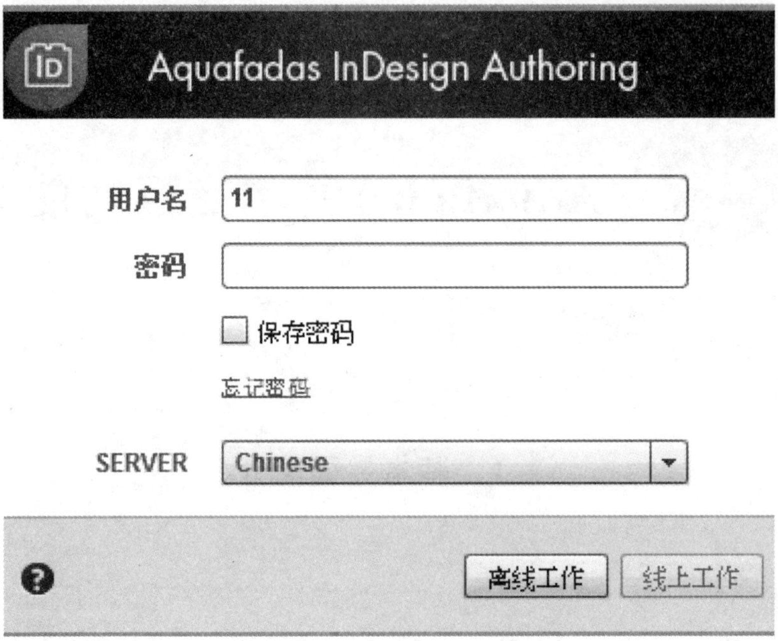

图 3-2 Aquafadas 插件登录界面

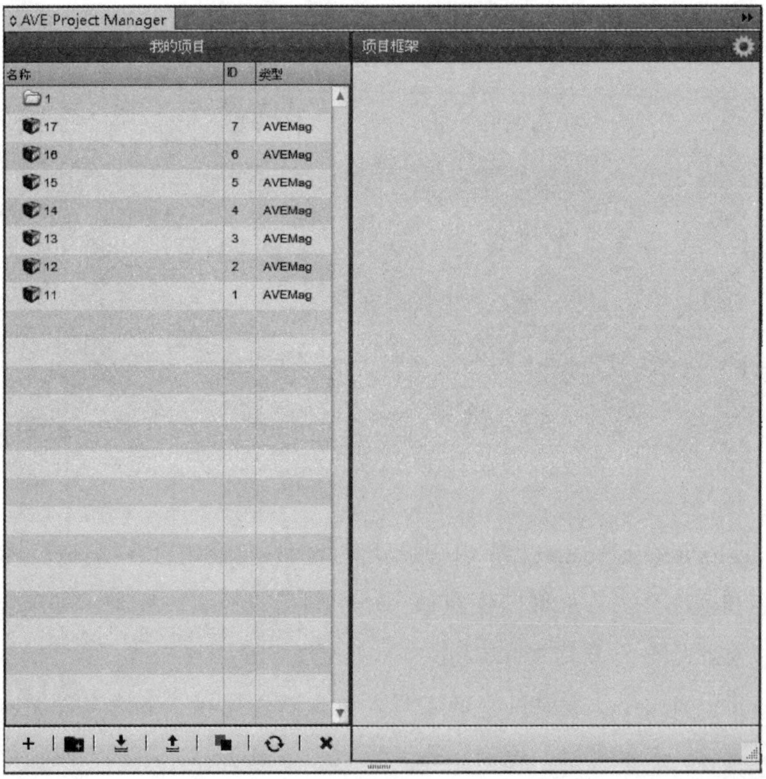

图 3-3 AVE Project Manager 界面

时可选择图像生成软件、导入 dpe 时是否生成缩略图等功能，如图 3-4 所示。

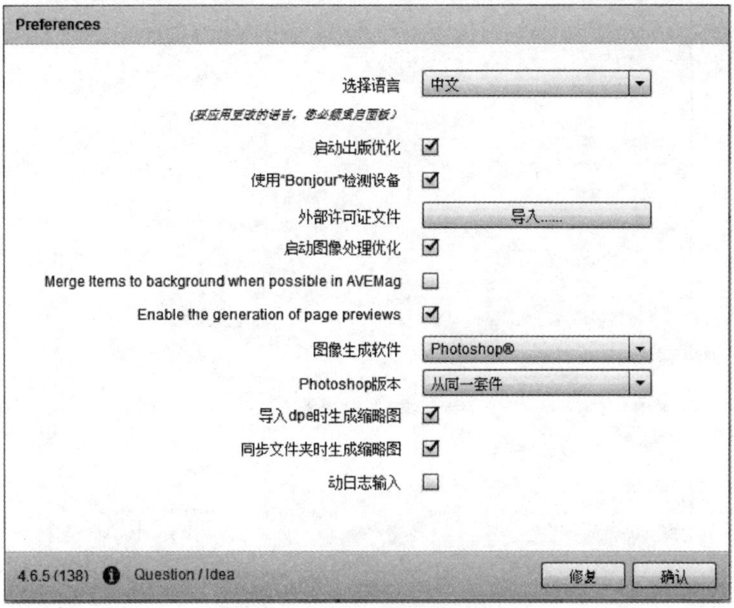

图 3-4　设置界面

3.1.1　新建项目

点击左下角“+”，弹出新建项目对话框。输入项目名称。项目类型包含“AVE Mag”“AVE PDF”“AVE Mag Template”三项，默认选择“AVE Mag”类型。“水平”和“垂直”两项代表移动设备的阅读方向，即支持设备重力感应方向。两项全勾选的情况下，完成一个方向的排版后，另一方向可进行自适应排版，需要注意的是自适应排版并不能完全满足用户定制要求，通常需要做排版微调。两个方向全勾选情况下，完成一个方向的排版后，需点击 Interactivity 右下角的改变方向，切换到另一个方向，对版面位置微调，工作量较大，通常只勾选一个方向进行排版，如图 3-5 所示。

默认设备尺寸为 IPad 的 1024×768 像素。通过点击左右滑动箭头可选择需要的设备尺寸。若需添加设备尺寸，点击“添加设备”，输入设备名称、高度、宽度、分辨率，保存设备后即可添加新设备。“确定”后即完成新建项目，如图 3-6 所示。

点击“项目框架”下的“新”，新建 InDesign 文档，选择文件保存位置，此时在项目中新建的 InDesign 文件和 InDesign 软件中当前文件是同一文件，任何编辑动作都可联动。“项目框架”中两方框代表“水平”和“垂直”方向的编辑页面。此时的 InDesign 文件添加页面有两种方式，一是通过 InDesign 的“页面”添加，二是通过“项目框架”中的“新”添加。两种方式生成的页面结构有差异，前者生成页面在设备中的阅读方向

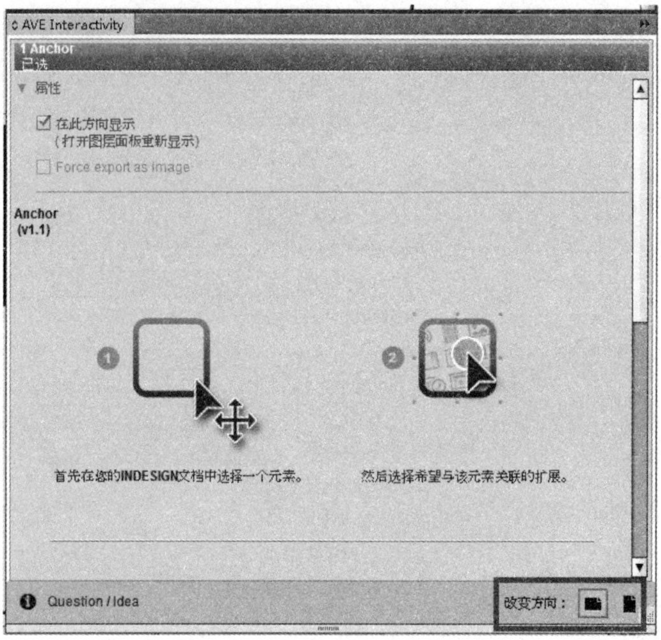

图 3-5　改变版面方向按钮

图 3-6　新建项目界面

是上下滑动，后者则是左右滑动，在 Aquafadas 中称为“文章”。后者添加页面的方式可用于杂志的不同栏目或者书籍的不同章节以及类似的其他情况。也可以通过“导入 ID 文件”生成新页面，这种方式产生的页面结构与使用“新”添加的页面结构相同，如图 3-7 所示 。

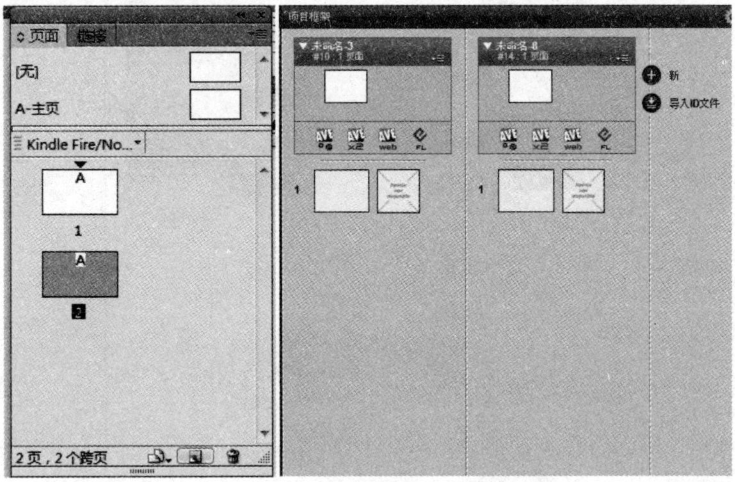

图 3-7　垂直页面和水平文章界面

3.1.2　测试、导出和回收项目

完成排版和交互功能添加后，即可进行本地测试、导出和回收。首先点击“生成项目”，可生成“AVE”“ePub”“Web”三种格式项目。“AVE”是 Aquafadas Viewer 可阅读格式，Aquafadas Viewer 可在苹果商店下载安装，安卓版应用市场目前无法下载，需要手机连线电脑借助豌豆荚等应用将已有安卓手机模拟器安装到手机；“ePub”适用所有支持该格式的设备阅读，“Web”适用各浏览器阅读。通常选择生成“AVE”项目。输出类型“高品质设备使用”和“Rctina 设备使用”均可选择，通常可选前者，如图 3-8 所示。

点击“生成项目”，提示是否“生成”部分文章，选择“是”，完成文件生成后，可测试或回收项目。“test”代表将项目发送至本地移动设备进行测试，“retrieve”代表回收整个项目为只读格式 ZAVE。

选择“test”，输入同一局域网内本地移动设备的 IP 地址，点击“发送”即可在本地移动设备预览交互效果，如图 3-9 所示。注意，此 IP 一般情况只支持电脑和移动设备的无线联网连接，不支持手机流量连接。

测试完成确认项目达到预期效果，即可进行项目导出和回收文件。点击“我的项目”下方的导出图标，导出 dpe 格式文件。“DPE”文件类似 Adobe InDesign 的打包文件，

图 3-8　导出格式选择界面

将项目中用到的图片、音频、视频及交互动作等内容分类打包在一个文件夹中。DPE 文件可通过“我的项目”下方的导入图标，重新释放项目进行再编辑。“回收”是将项目回收为 ZAVE 格式，该格式只能通过 Aquafadas Viewer 阅读，不能编辑。

如果有已回收好的 ZAVE 文件，也可以通过电脑浏览器输入同一局域网的移动设备的 IP 地址，将 ZAVE 文件发送到移动设备进行查看。方法如下：

① 打开移动设备的 Aquafadas Viewer，点击查看 IP 地址。

② 打开同一局域网内的电脑浏览器（Chrome，IE，360 等均可），输入移动设备的 IP 地址，在弹出的界面中点击“选择文件”，选中要查看的 ZAVE。

③ 点击发送后，可以看到电脑和移动设备端均有发送进度条，发送成功后 Aquafadas Viewer 界面更新，就能看到导入的 ZAVE 文件了。

综上所述，使用 Aquafadas 数字出版系统设计制作和预览一本电子书的完整流程总结如下：

① 在项目管理器中新建一个项目，并对项目进行基本设置。

② 为这个项目新建一个对应的 InDesign 文档，或者导入已有的 InDesign 文档。

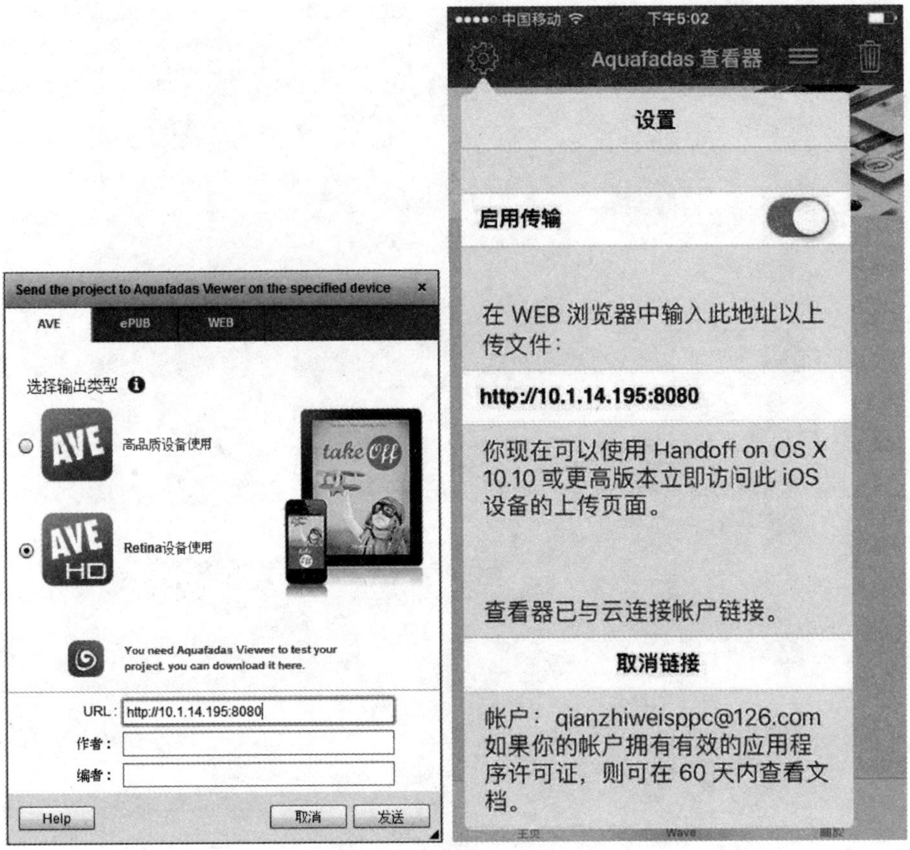

图 3-9　IP 地址填写和发送界面

③ 在 InDesign 中继续编辑图文，进行排版。

④ 选中 InDesign 中的对象（图片、文字、框架等）设置交互效果。

⑤ 在项目管理器中生成效果文件。

⑥ 发送到模拟器或者 IPad 上查看交互效果。

⑦ 将效果 zave 文件另存到电脑，导出封装的 dpe 文件保存。

⑧ 打包保存和关闭 InDesign 文件。

⑨ 将效果文件封装成 App 并发布（此步骤在另一软件 Appfactory 中完成）。

3.2　Interactivity 交互功能

AVE Digital Publishing System 4.6.5 版本的 Interactivity 包含 38 个交互功能，这些交互功能可用于制作 AVE Mag、AVE PDF、ePub fixed、Flash、HTML5 文件的交互效果，通常一类文件格式只能使用部分交互功能，如图 3-10 所示。

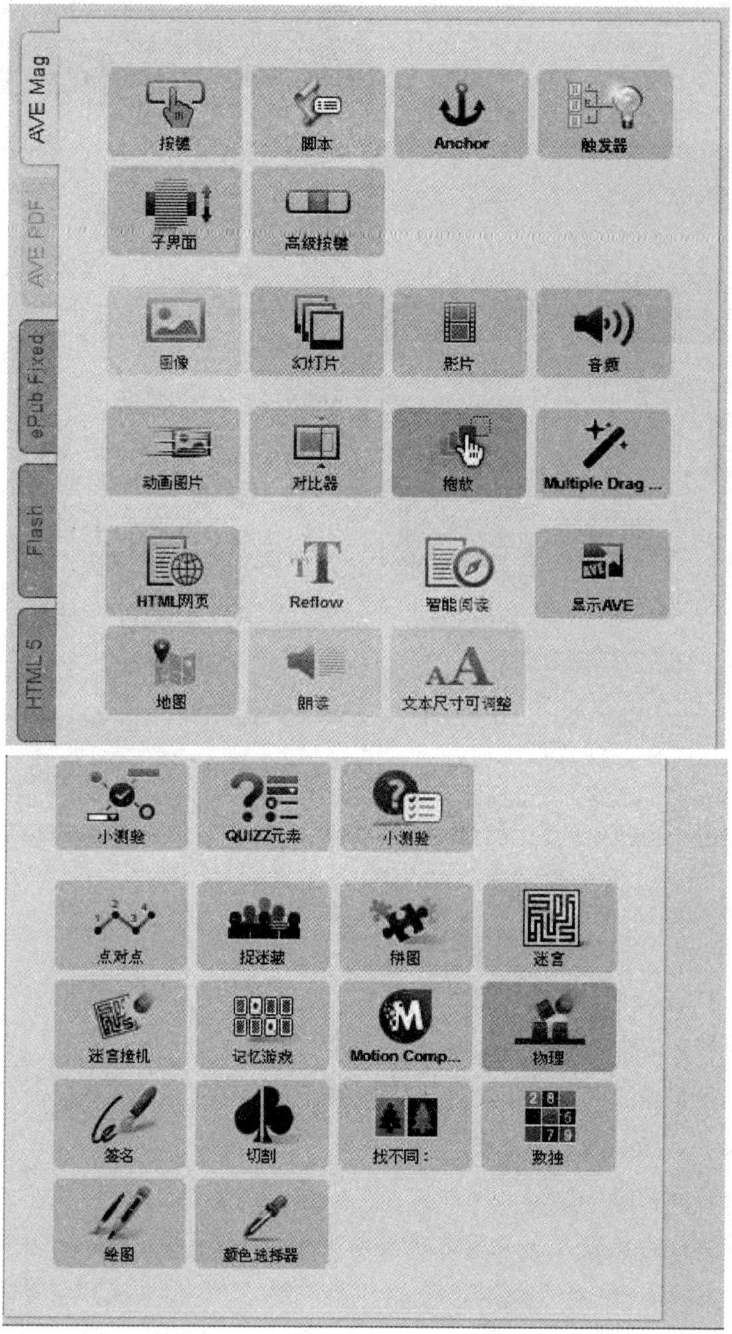

图 3-10　交互功能

3.2.1 “按键”工具

按键工具可实现页面跳转，定位锚点，进入网页，发送邮件，显示弹出窗口，截图，退出，对象显示或隐藏、图层切换、音视频动画播放、暂停、停止等功能，如图 3-11 所示。按键命令阅读器可实现 13 个动作，按键命令框架，根据框架对象不同可实现 3～10 个动作，按键命令图层可以实现变更可见性，接下来以案例演示“按键”的使用。

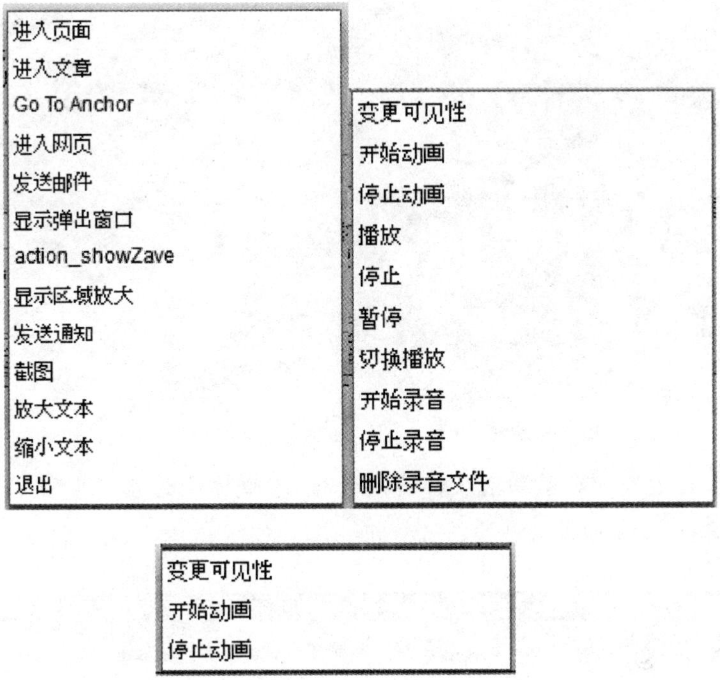

图 3-11　按键支持功能

(1) 按键控制框架变更可见性

效果如图 3-12 所示，当点击“i”时弹出横幅“上海出版印刷高等专科学校欢迎您!”当点击“X”时，关闭横幅。

步骤：

① 置入背景图片，用“椭圆工具”，按住 shift 键画正圆，并填色（R0，G223，B25)，用文字工具写字母“i”，设置字体“Cooper Std”“60 点”，设置颜色为纸白，同时选中“i”和绿色正圆 Ctrl＋G 编组。用矩形工具在画面中间画矩形，并填色（R241，G255，B64)，用文字工具写“上海出版印刷高等专科学校欢迎您!”，设置字体“华文行楷”，“61 点”。用椭圆工具画正圆，填色（R0，G223，B25)，用直线工具画叉号，设置描边为纸白，同时选中绿色正圆、叉号、文字和黄色矩形，用“快捷键 Ctrl＋G”编组。

② 用矩形框架工具分别在字母“i”和叉号上画矩形，先选中字母“i”上的矩形框架工具。点击“按键”，点击“创建”，在“命令”下拉菜单选择“窗口（使用窗口选择器)”，点击“单击并选择窗口”，此时鼠标处于待选择状态，点击经过编组的“上海出版

按键控制框架

图 3-12 效果图

印刷高等专科学校欢迎您!”，激活“将要执行”，选择“变更可见性”，在“可见性”下拉框中选择“可见”，使用默认渐变持续时间 0.5s，如图 3-13 所示。

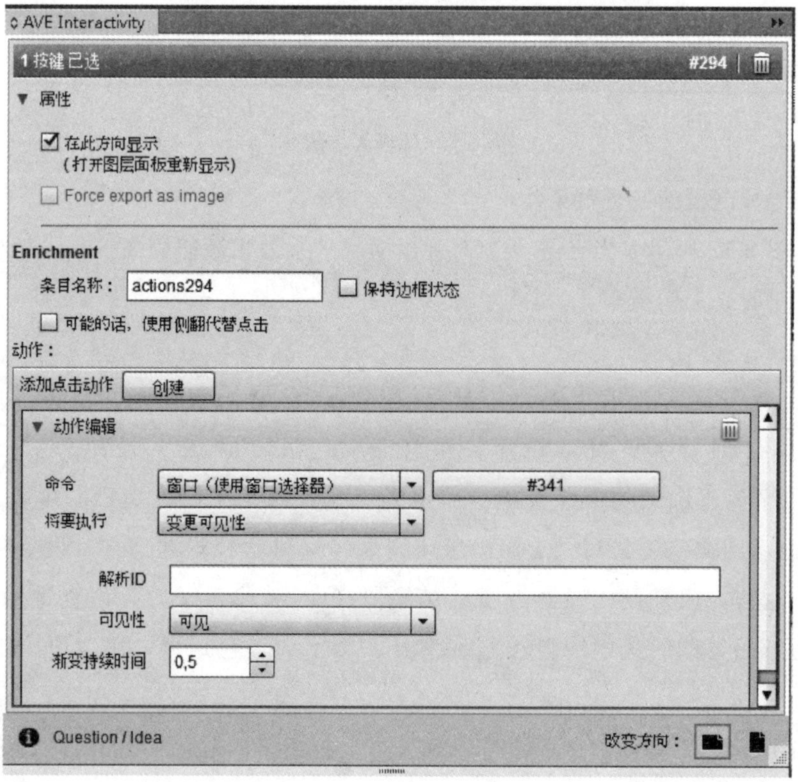

图 3-13 按键添加动作

③ 选中叉号上的矩形框架工具，点击“按键”，点击“创建”，在“命令”下拉菜单选择“窗口（使用窗口选择器）”，点击“单击并选择窗口”，此时鼠标处于待选择状态，点击经过编组的“上海出版印刷高等专科学校欢迎您!”，激活“将要执行”，选择“变更可见性”，在“可见性”下拉框中选择“隐藏”，使用默认渐变持续时间 0.5s，如图 3-14 所示。

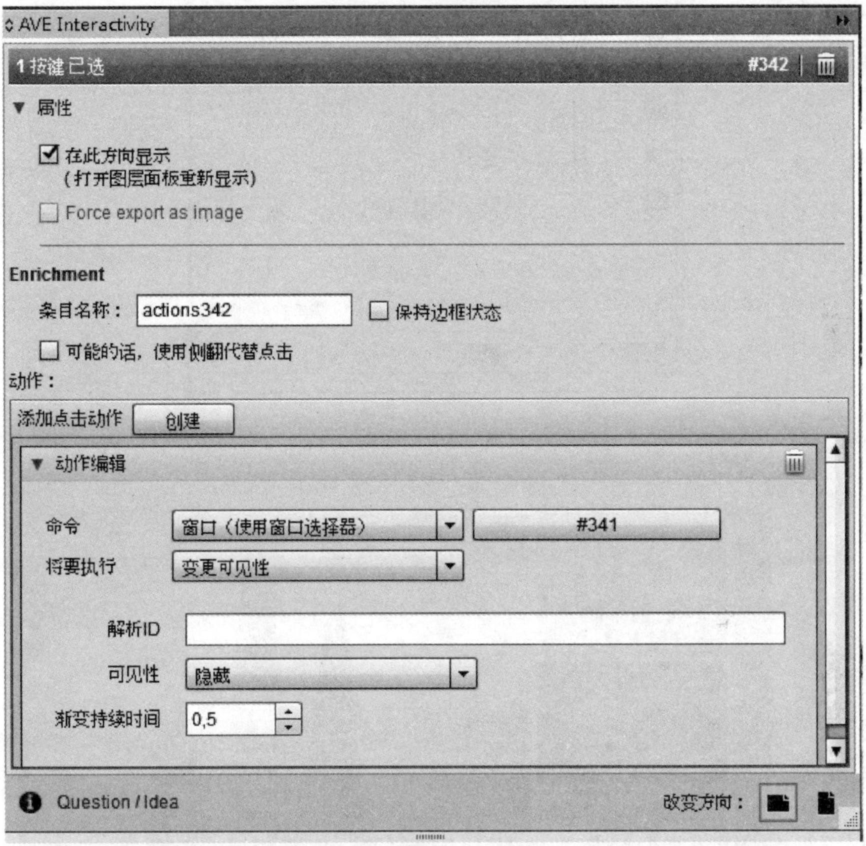

图 3-14　按键添加动作

④ 在“图层”中关闭“上海出版印刷高等专科学校欢迎您!”编组可见性，如图 3-15 所示。

⑤ 完成以上步骤，测试，导出。

（2）按键控制图层切换

按键控制框架的方法适用页面交互动作相对简单的版面，当被控制元素需要多次被添加或需同时控制多个元素时可选择按键控制图层切换。

效果如图 3-16 所示，当点击左边小图标，背景展示该图的大图。

步骤：

① 用矩形框架工具在页面中画宽 280px、高 180px 矩形框架，按住 Alt 键拖动鼠标复制 3 个，使用对齐工具调整至居中垂直分布。在矩形框架中分别置入图 1、图 2、图 3、

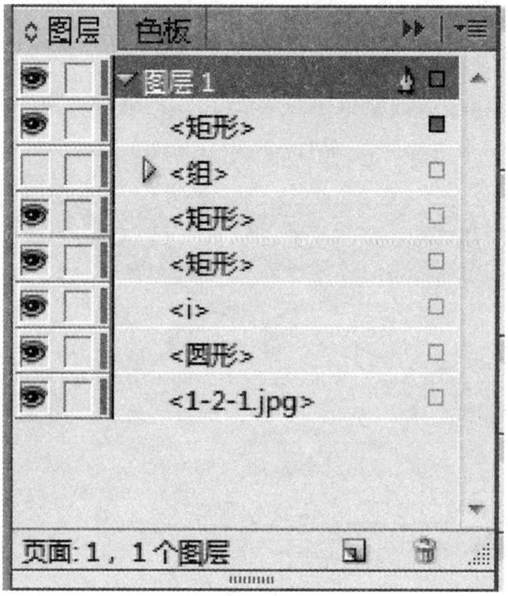

图 3-15　图层

按键控制图层

图 3-16　效果图

图 4，作为按键图标。新建 4 个图层，分别命名为 P1、P2、P3、P4。在图层 1 置入图 1，图层 2 置入图 2，以此类推，所有图大小设置为 1024×768px。在图层 1 上画 620×126px 矩形，填充黑色（R0，G0，B0），透明度调整为 60%，用文字工具在黑色矩形上画框架，置入文字，字体方正细等线 GBK，字号 18 点。

② 用矩形框架工具在 4 个图标上画 4 个框架，如图 3-17 所示。选中第 1 个框架，点

击 interactivity 里的“按键”，点击“创建”，命令对话框选择“层”，输入 P1，将要执行对话框选择“变更可见性”，可见性对话框选择“可见”；继续点击“创建”，命令对话框选择“层”，输入 P2，将要执行对话框选择“变更可见性”，可见性对话框选择“隐藏”；继续点击“创建”，命令对话框选择“层”，输入 P3，将要执行对话框选择“变更可见性”，可见性对话框选择“隐藏”；继续点击“创建”，命令对话框选择“层”，输入 P4，将要执行对话框选择“变更可见性”，可见性对话框选择“隐藏”；以上过程不需要勾选“保持项目状态”。

图 3-17 空白框架

③ 选中第 2 个框架，点击 interactivity 里的“按键”，点击“创建”，命令对话框选择“层”，输入 P2，将要执行对话框选择“变更可见性”，可见性对话框选择“可见”，如图 3-18 所示；点击“创建”，命令对话框选择“层”，输入 P1，将要执行对话框选择“变更可见性”，可见性对话框选择“隐藏”；点击“创建”，命令对话框选择“层”，输入 P3，将要执行对话框选择“变更可见性”，可见性对话框选择“隐藏”；继续点击“创建”，命令对话框选择“层”，输入 P4，将要执行对话框选择“变更可见性”，可见性对话框选择“隐藏”，如图 3-19 所示。

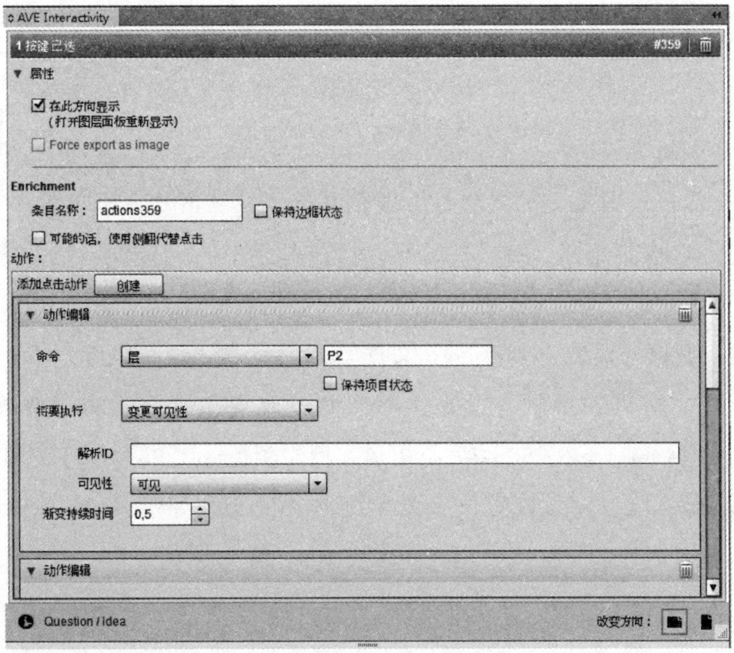

图 3-18 按键添加交互

④ 用同样的方法，分别设置 P3 可见，其他图层隐藏；P4 可见，其他图层隐藏。

⑤ 完成以上步骤，测试，导出。

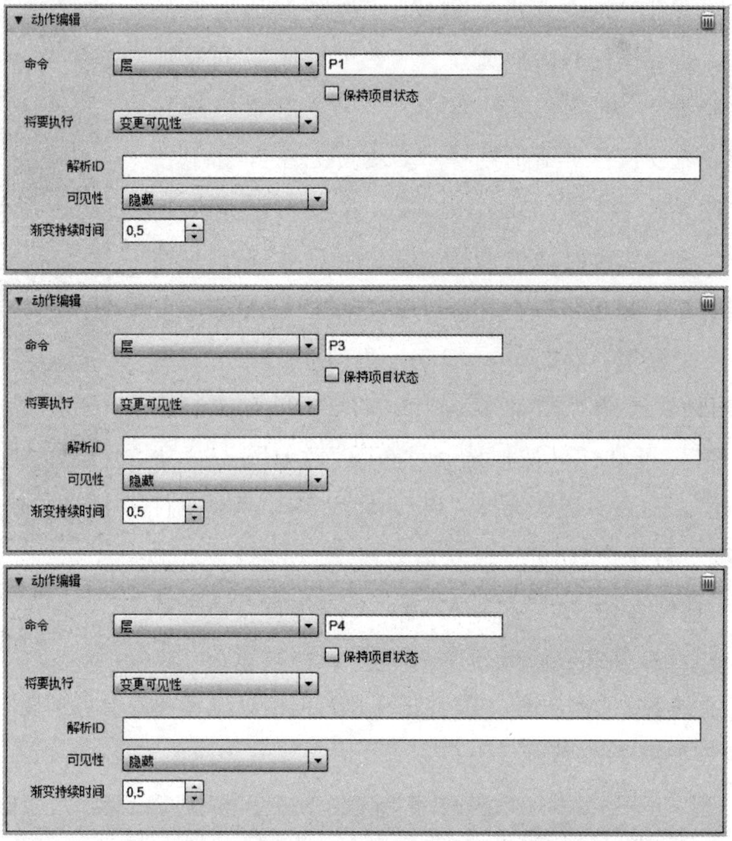

图 3-19　按键添加动作

(3) 按键命令阅读器进入文章

效果在“按键控制框架变更可见性”案例基础上，点击“上海出版印刷高等专科学校欢迎您!”进入学校简介页，如图 3-20 所示。

步骤：

① 在按键控制框架切换的 InDesign 文件基础上点击“项目框架”右侧“新”，建立新文章。双击新文章进入排版。置入页面图片，放置在页面上方，修改图片大小为 1024px×208px，画 2014px×560px 大小矩形，填充颜色（R203，G255，B127），色块透明度调至 40%，置入文字“学校简介”，设置字体为方正细等线 GBK，字号 18 点，行间距 24 点。置入校名图片，调整大小为 320px×91px，置入学校徽章，调整大小至 148px×148px，如图 3-21 所示。

② 返回至前一文章，用“矩形框架工具”在“上海出版印刷高等专科学校欢迎您!”上画空白矩形，选中矩形，点击 interactivity，选择“按键”，点击“创建”，命令“阅读

按键控制阅读器进入文章

图 3-20 效果图

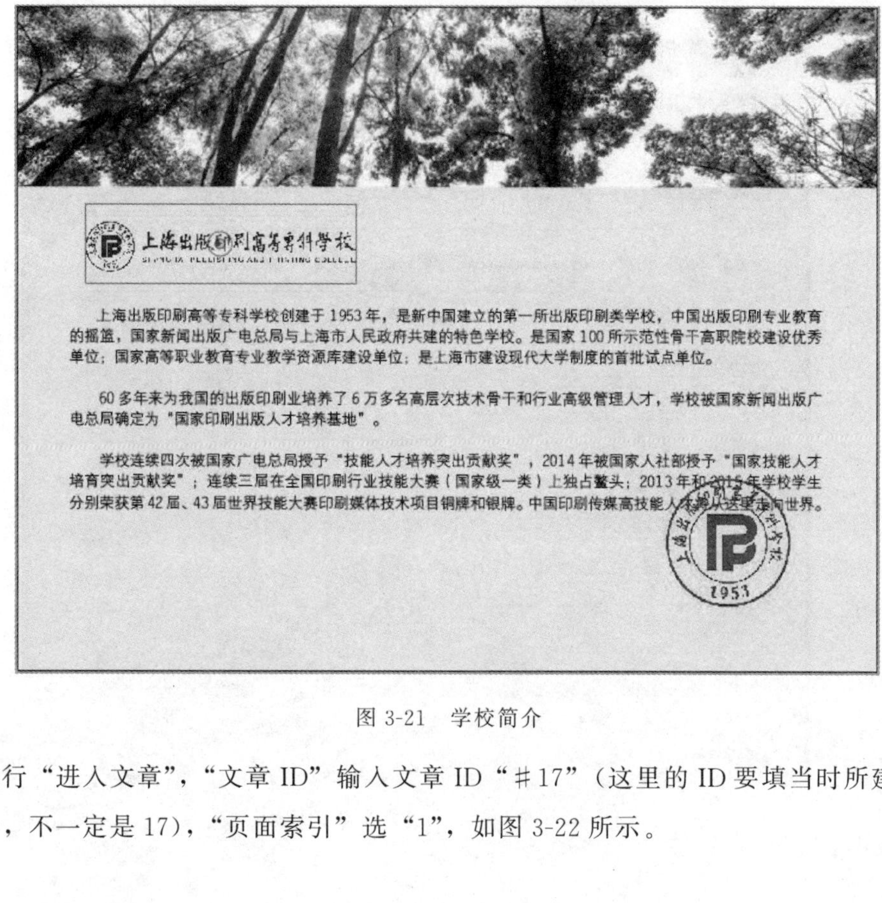

图 3-21 学校简介

器”执行“进入文章”，“文章 ID”输入文章 ID“＃17”（这里的 ID 要填当时所建 article 的编号，不一定是 17），“页面索引”选“1”，如图 3-22 所示。

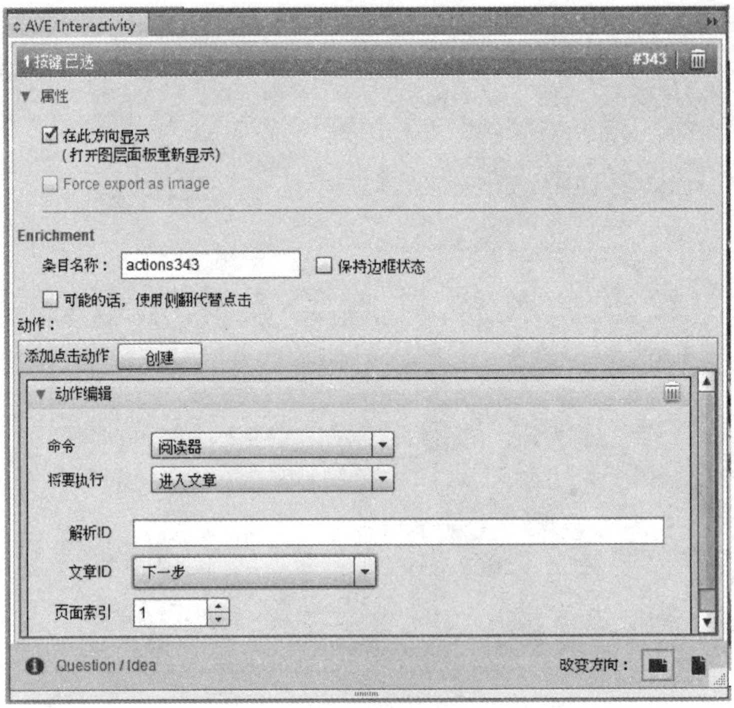

图 3-22 按键添加动作

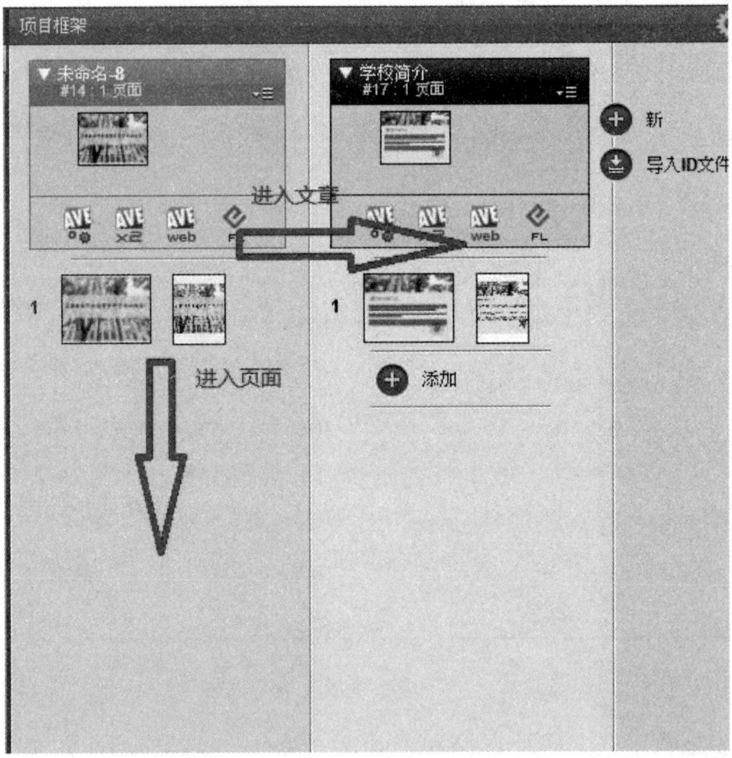

图 3-23 进入页面和进入文章的区别

③ 完成以上步骤，测试，导出。

知识点：

“进入页面”和“进入文章”的区别：进入页面指进入当前文章的页面；进入文章指进入其他文章的页面；一个文章可以包含多个页面，如图 3-23 所示，该项目中共有两个文章，第一个文章的 ID 为＃14，第二个文章的 ID 为＃17。“＃14：1”和“＃17：1”代表两个文章都只有 1 个页面。根据以上规律“＃14：5”代表该文章 ID 为＃14，该文章中有 5 个页面。

“保持项目状态”是指当离开页面时依然保持按键动作完成的状态，例如上述项目中若勾选“保持项目状态”，点击第 2 张图标使画面跳转到第 2 张图显示，当离开页面再次打开时，画面依然停留在第 2 张图。

3.2.2　幻灯片

幻灯片可以进行多个画面展示，常用在商品展示、风景画面切换等场景。

效果：幻灯片四个画面从四个角度展示瑞士风景，如图 3-24 所示，该幻灯片共有四个画面可自动切换以展示瑞士风景。

幻灯片

图 3-24　幻灯片效果图

步骤：

(1) 用矩形框架工具画空白框。选中空白框，点击 interactivity，点击幻灯片。设定幻灯片类型为“简单幻灯片”，点击“创建幻灯片”。点击内容标签左下角“文件”，选择要置入的图片 1、2、3、4，如图 3-25 所示。右下角两种模式代表画面不同的尺寸，前者指用所画空白框架的比例裁切图片，使得四张图片长宽比及大小相同，在幻灯片画面中满版显示；后者代表使用原图片比例，幻灯片在显示时会出现画面大小不一的情况。可根据需要进行幻灯片属性设置。“启动全屏”指幻灯片画面点击后可全屏播放。“启动滚动”指幻灯片画面可自动播放。“查看页面控制”指显示幻灯片播放标识。“在界面使用背景”指可以给幻灯片添加背景颜色。并可选择全屏时背景的颜色。在空白框架右侧用竖排文字工具写“瑞士风景”四个字，设置字体为“行楷”，字号为“60 点”。

图 3-25　幻灯片参数设置

（2）“幻灯片”标签下可勾选“启动动画”，勾选后幻灯片画面可自动切换，“转换时间”，即画面切换所用时长；“图案持续时间”，即画面停留的时间；“效果”是指画面切换的方式，有滑动和渐变两种方式；“循环”是指画面切换是否循环播放，如图 3-26 所示。“Kenburns 效果”是指幻灯片画面可增加仿镜头推移动画效果，勾选后画面可按系统默认值产生动画效果。动画设置主要有“延迟”、“时长”和“振幅”，如图 3-27 所示。当在内容画面勾选“自定义 kenburns”时用户可自定义动画的起始框和结束框。

（3）完成以上步骤，测试，导出。

图 3-26　启动动画

图 3-27　设置 KenBurns 动画效果

3.2.3 图像

图像

“图像”功能是以图片形式展示对象，同时可对图像添加动态效果、添加动作说明等以增加图片展示的丰富性。

效果如图 3-28 所示，图片可动态展示，并显示说明文字，点击后跳转到购买页。

图 3-28 效果图

步骤：

（1）置入戒指图片，修改图片大小为 668px×730px；在图片左下方输入“点击购买”，字体“方正黑体 GBK”，字号 12 点。置入手型图标，选中图标，点击水平翻转。

（2）选中图片，单击“图像”，勾选“KenBurns 动画效果”，使用默认时长和振幅，如图 3-29 所示。点击“动作标签”，命令“阅读器”执行“进入网页”，在下方的 URL 地址中输入购买页的网址（https://detail.tmall.com/item.htm?id=552750722675&ali_refid=a3_419108_1006:1103514304:N:钻戒:6243750cf52e41fa1e83f3e5ea719c27&ali_trackid=1_6243750cf52e41fa1e83f3e5ea719c27&spm=a220m.1000858.0.0&sku_properties=21735:44500;122276380:874022613;161712509:100189285）。点击“说明”标签，勾选“显示说明”和“全屏时显示说明”，在下方文字输入框输入“周大生排钻戒指”，如图 3-30 所示。

图 3-29 “图像”属性

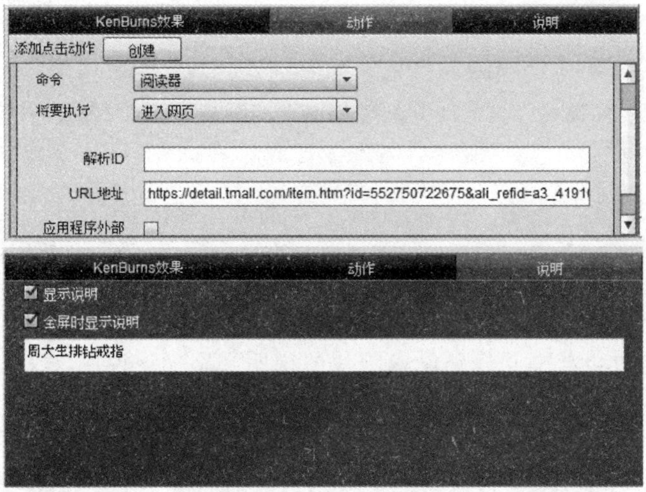

图 3-30　动作和说明对话框

（3）完成以上步骤，测试，导出。

知识点：

“启用全屏”指点击图像后可全屏展示；“使用平移缩放”指在平板移动设备上可点击拖动图像也可两手指缩放图片；“为全屏使用裁剪”指全屏时可裁剪图像。“全屏背景颜色”指双击图片全屏后背景所显示的颜色。“Alpha”值是指双击全屏后会在背景处保留原图显示，此时 Alpha 值代表该图片的透明度。

3.2.4　对比器

“对比器”通过移动滑杆同时查看两张图片，一般用于同类物品的细节对比查看或不同年代图片对比等。

效果如图 3-31 所示，同一位置显示两款车的图片，方便读者移动滑杆对比细节。

对比器

图 3-31　阿斯顿马丁 one-77 与阿斯顿马丁 CC100 车型对比效果图

步骤：

（1）矩形框架工具画1024px×606px大小的空白框。在空白框上方输入文字“阿斯顿马丁one-77与阿斯顿马丁CC100车型对比”，设置字体“方正中等线GBK”，字号30点。

（2）选中矩形框架，点击“interactivity”，点击“对比器”，在“before”和“after”标签下分别点击“文件”，选中要对比的两张图片，如图3-32所示。“启动全屏”和“查看文本说明”可选择勾选。“启动全屏”指双击对比的图片可全屏查看对比效果。“查看文本说明”可在左边和右边框分别输入图片的说明文字，该说明文字在打开页面时显示在两对比图的左边和右边，移动滑杆后消失。

图3-32　对比图属性

（3）完成以上步骤，测试，导出。

3.2.5　拖放

“拖放”可根据需要对页面中的对象进行拖拽和放置。常用于幼儿绘本中的交互游戏，商品展示中的切换效果。

效果：拖动小猴子的手，头或脚至相应位置时显示拼图效果，如图3-33所示。

拖放

图 3-33　效果图

步骤：

（1）在页面中置入底图，并置入猴子的手，头，脚，放在拖放位置，按住 Alt 键，复制手头脚，放在猴子身体相应位置，并调整至相应大小。将拖放位置的三个拼图分别命名为“手-拖”，“头-拖”，“脚-拖”。将拼在身体位置的三个拼图命名为“手-放”，“头-放”，“脚-放”，如图 3-34 所示。

图 3-34　各对象命名

（2）用空白框架工具画 6 个空白框架，其中三个用于放置拖放对象，三个用来添加拖放动作，并限制拖放区域。添加拖放动作的空白框架分别命名为 drag1、drag2、drag3。放置拖放对象的三个框架分别命名为 drop1、drop2、drop3。其中 drop1、drop2、drop3

放在猴子的手，头，脚的位置；drag1、drag2、drag3 暂时放在页面外方便选择，如图3-35所示。

图 3-35 拖放框

（3）选中 drag1，点击“interactivity”，选择“拖放”，点击“可拖动边框”选中图片“手-拖”，“弹跳强度”默认“1”，“放置目标文本框”标签下，“模式”选择“放置”，点击“目标文本框”，选中 drop1，如图 3-36 所示。

图 3-36 拖放属性

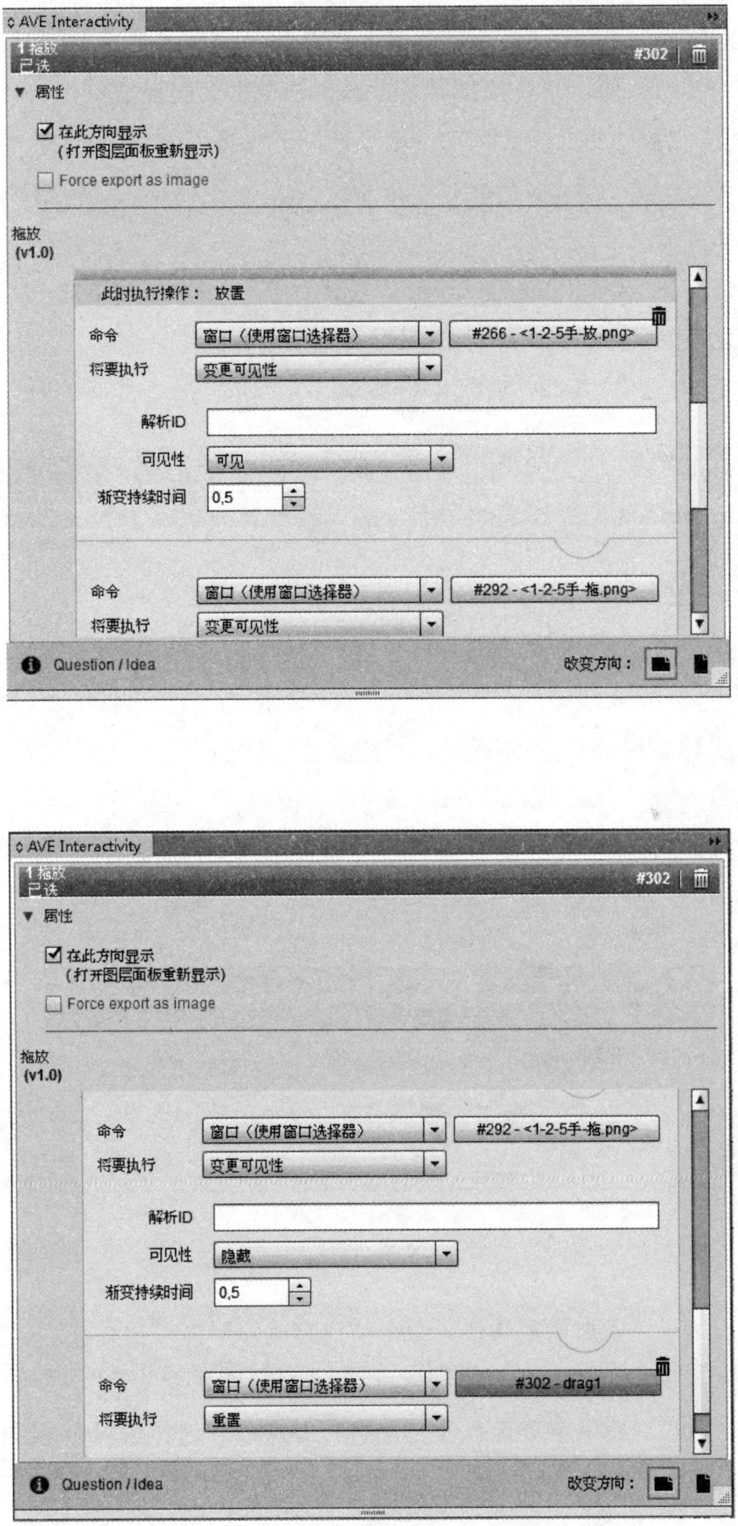

图 3-37　拖放动作添加（一）

（4）点击右边＋，添加放置动作。命令“窗口（使用窗口选择器）”，单击“点击并选择窗口”，选中“手-放”图片，“将要执行”选择“变更可见性”，“可见性”下选择“可见”。命令“窗口（使用窗口选择器）”，点击“点击并选择窗口”，选中“手-拖”图片，“将要执行”选择“变更可见性”，“可见性”下选择“隐藏”。命令“窗口（使用窗口选择器）”，单击“点击并选择窗口”，选中“drag1”空白框，“将要执行”选择“重置”，如图 3-37 所示。

（5）选中 drag2，点击“interactivity”，选择“拖放”，点击“可拖动边框”选中图片“头-拖”，“弹跳强度”默认“1”，“放置目标文本框”标签下，“模式”选择“放置”，点击“目标文本框”，选中 drop2，如图 3-38 所示。

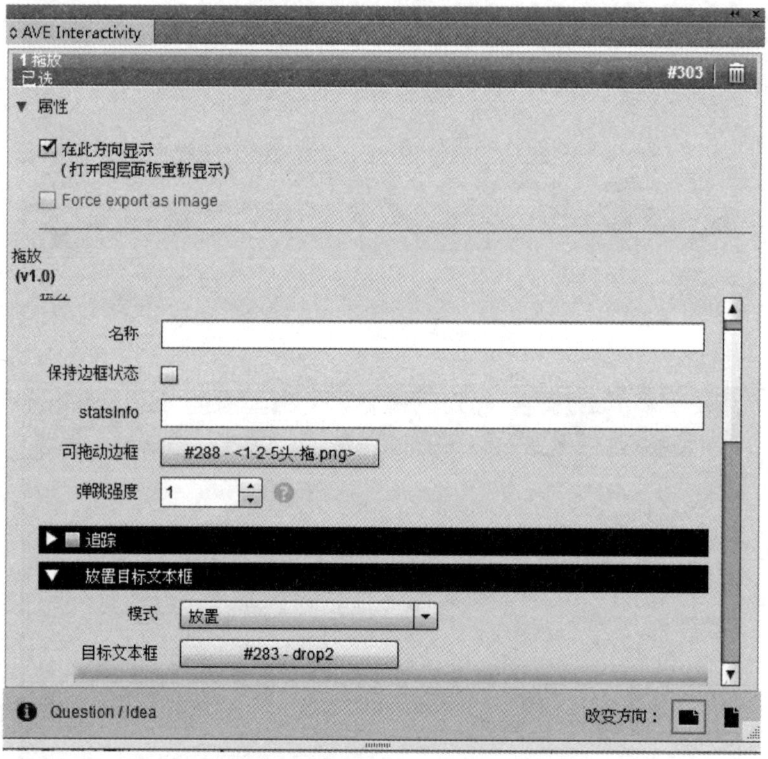

图 3-38　拖放动作添加（二）

（6）点击右边＋，添加放置动作。命令“窗口（使用窗口选择器）”，单击“点击并选择窗口”，选中“头-放”图片，“将要执行”选择“变更可见性”，“可见性”下选择“可见”。命令“窗口（使用窗口选择器）”，点击“点击并选择窗口”，选中“头-拖”图片，“将要执行”选择“变更可见性”，“可见性”下选择“隐藏”。命令“窗口（使用窗口选择器）”，单击“点击并选择窗口”，选中“drag2”空白框，“将要执行”选择“重置”。如图 3-39 所示。

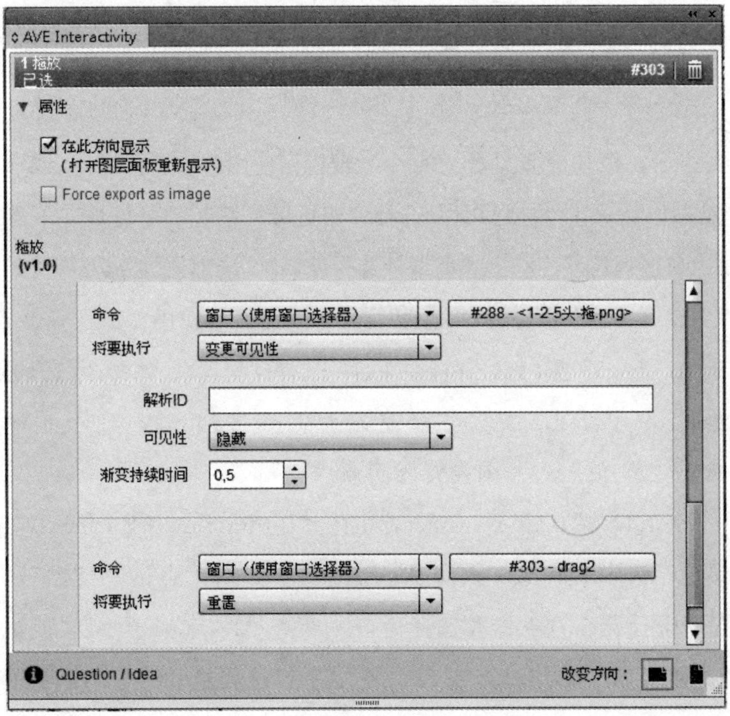

图 3-39 拖放动作添加（三）

（7）选中 drag3，点击“interactivity”，选择“拖放”，点击“可拖动边框”选中图片“脚-拖”，“弹跳强度”默认“1”，“放置目标文本框”标签下，“模式”选择“放置”，点击“目标文本框”，选中 drop3，如图 3-40 所示。

图 3-40 拖放动作添加（四）

（8）点击右边+，添加放置动作。命令“窗口（使用窗口选择器)”，单击“点击并选择窗口”，选中“脚-放”图片，“将要执行”选择“变更可见性”，“可见性”下选择“可见”。命令“窗口（使用窗口选择器)”，点击“点击并选择窗口”，选中“脚-拖”图片，“将要执行”选择“变更可见性”，“可见性”下选择“隐藏”。命令“窗口（使用窗口选择器)”，单击“点击并选择窗口”，选中“drag3”空白框，“将要执行”选择“重置”。如图 3-41 所示。

（9）将 drag1、drag2、drag3 尺寸修改为 1024px×768px，对齐页面。在图层中将“手-放”、“头-放”、“脚-放”三张图设置为隐藏。

（10）用“文字工具 T”，输入 restart，字体“Berlin Sans FB Demi”，字号 30 点，填充纸色，描边黑色。选中 restart，点击 AVE Interactivity，点击“按键”，创建动作，命令窗口（使用窗口选择器)，“点击并选择窗口”点击“1-2-5 猴子手”，变更可见性，可见性设为“隐藏”；继续创建动作命令窗口（使用窗口选择器），“点击并选择窗口”点击“1-2-5 猴子头”，变更可见性，可见性设为“隐藏”；继续创建动作命令窗口（使用窗口选择器)，“点击并选择窗口”点击“1-2-5 猴子脚”，变更可见性，可见性设为“隐藏”。

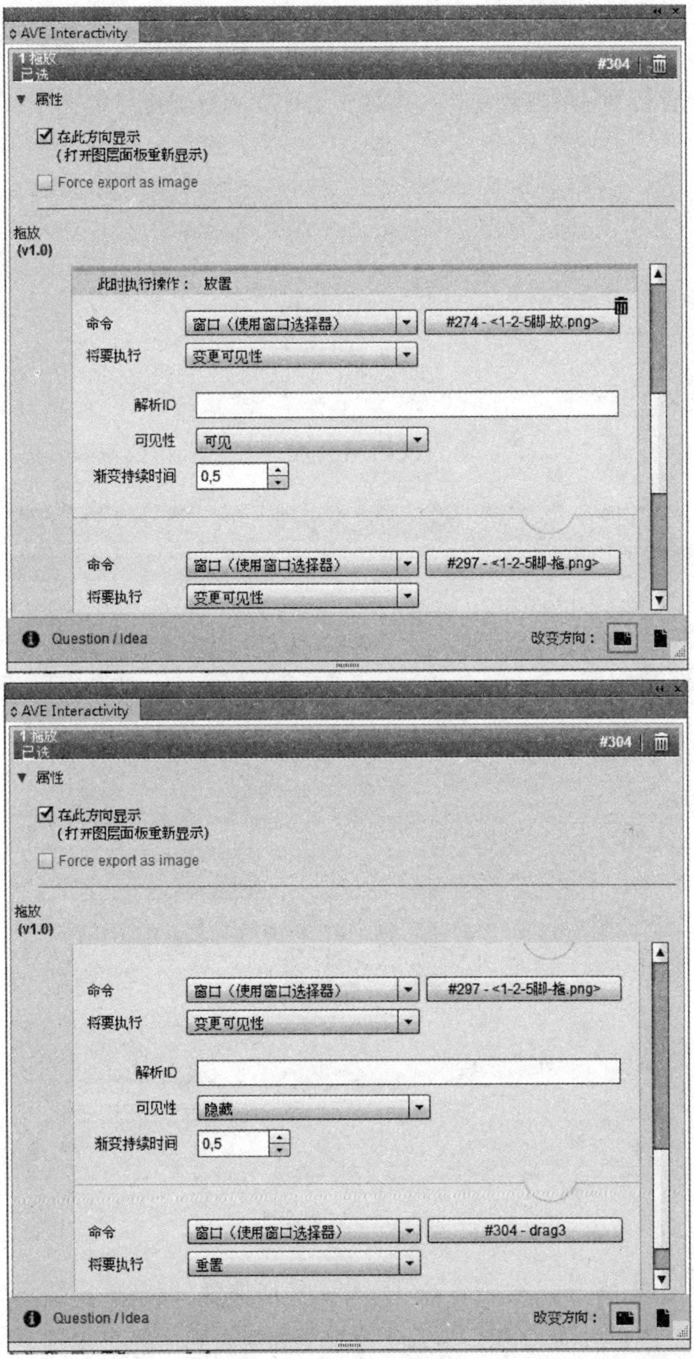

图 3-41　拖放动作添加（五）

（11）完成以上步骤，测试，导出。

知识点：

（1）drag1、drag2、drag3 三个空白框作用一是添加拖放动作，作用二是限制被拖放对象的可拖动范围，所以这三个空白框通常最后修改为跟页面同样大小，以方便被拖放对象在整个页面范围内都可移动。

（2）drag1、drag2、drag3 三个空白框最后添加的“重置”动作和 restart 的隐藏动作，用来复原读者已做过的拖放动作，添加该动作在刷新屏幕后可进行二次拖放游戏。

3.2.6 影片

影片是给页面添加视频效果，为页面内容提供更丰富的解读。

步骤：

（1）空白框架工具画框，点击“interactivity”，点击“影片”，点击“文件”选择视频所在位置；也可点击“URL”，输入视频网页地址，插入在线视频，如图 3-42 所示。

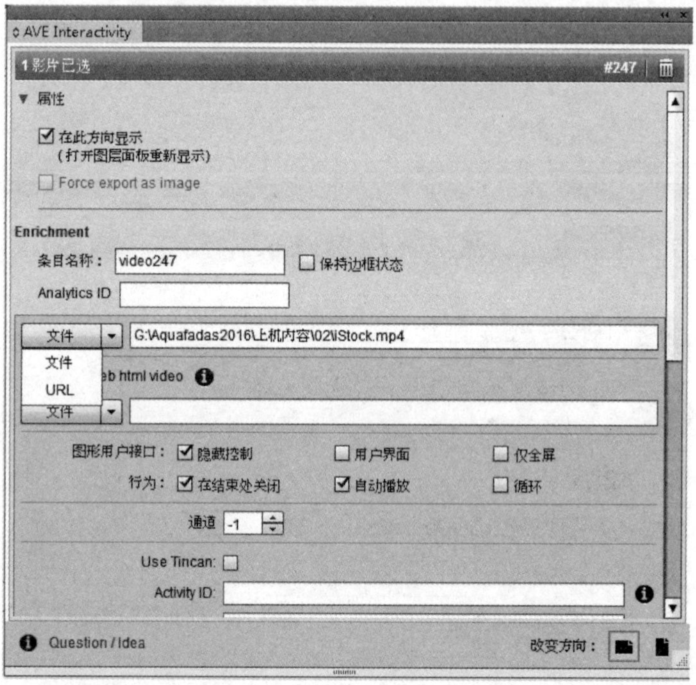

图 3-42 影片属性

在“图形用户接口”和“行为”处可选择勾选属性框。“隐藏控制”控制视频的停止按钮，勾选后显示停止按钮。“用户界面”也用于控制视频的停止按钮，勾选后显示停止按钮。“在结束处关闭”勾选后视频播放完毕自动关闭。“自动播放”打开页面后，视频自动播放。“循环”控制视频循环播放。

（2）替换图案，点击“文件”可选择给视频替换不同的海报，如图 3-43 所示，并可在“KenBurns 效果”标签下添加 KenBurns 动画。

（3）完成以上步骤，测试，导出。

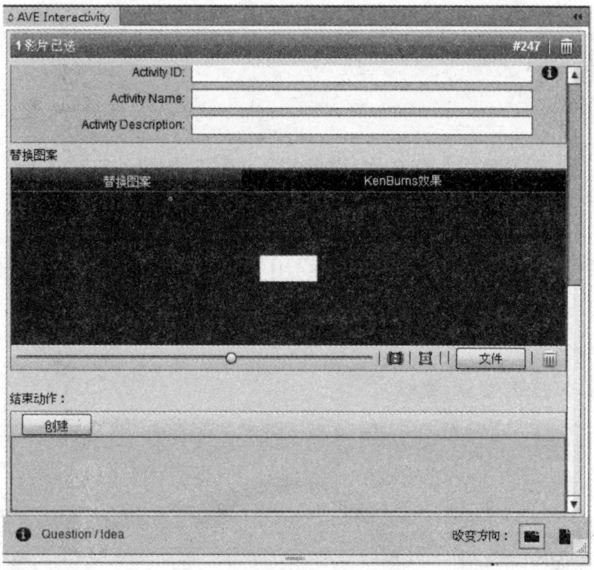

图 3-43　影片属性

3.2.7　音频

音频是给页面添加音频效果，增强页面感染力。

音频的添加方法与上述的视频基本相同，使用空白框架工具画框，点击“interactivity”，选择“音频”，点击“文件”选择音频所在位置；也可点击 URL，输入音频网页地址，插入在线音频，如图 3-44 所示。

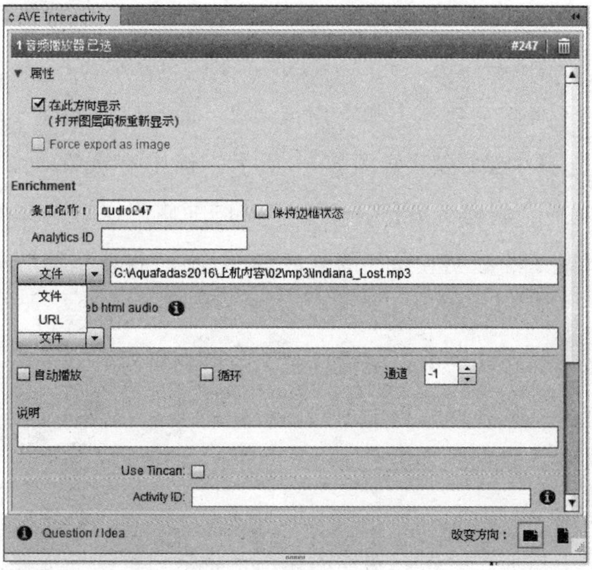

图 3-44　音频属性

3.2.8 高级按键

高级按键功能可以调用移动设备的摄像头，录音等功能，帮助读者实现拍照、录音等交互功能。

效果如图 3-45 所示，点击照相机，可调用移动设备摄像头，拍摄一张照片并保存在红色花环内。

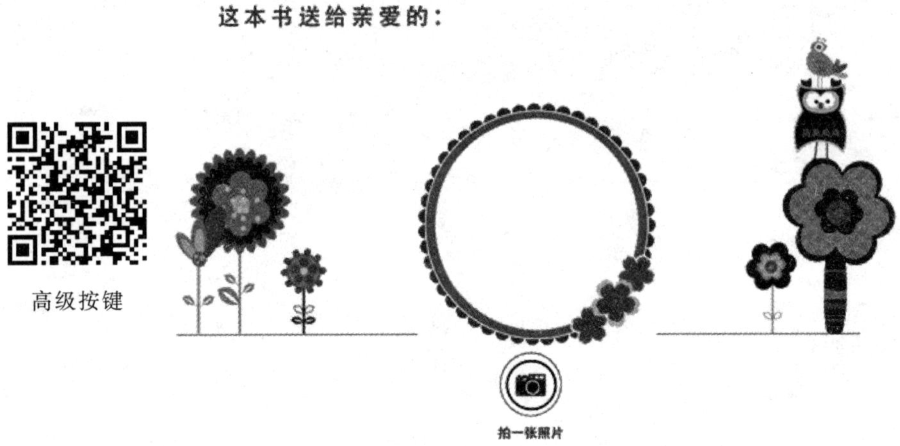

图 3-45 效果图

步骤：

（1）在页面中置入花，花环，照相机等图片，位置调整至图 3-45 所示。输入文字“这本书送给亲爱的”，字体“方正黑体 GBK”，字号 30 点。在照相机下输入文字“拍一张照片”，字体“方正黑体 GBK”，字号 17 点，如图 3-46 所示。

（2）用空白框架工具画空白框 1 和空白框架 2，选中空白框架 1，指定交互属性，点击“interactivity”，选择“绘画”，如图 3-47 所示。选中空白框架 2，点击“interactivity”，点击“高级按键”。“创建”动作。命令“窗口（使用窗口选择器）”，点击“单击并选择窗口”后，选择赋予绘画交互属性的空白框 1，在“将要执行”中选“摄像机拍摄”，如图 3-48 所示。

（3）将空白框架 1 与花环对齐，空白框架 2 与照相机对齐。注意：空白框架 1 放在花环下的图层，空白框架 2 放在照相机上面的图层，如图 3-49 所示。

（4）完成以上步骤，测试，导出。

知识点：

（1）给空白框架 1 添加“绘图”功能的作用是将空白框架变成照片容器，可以放置摄像头拍摄的照片。

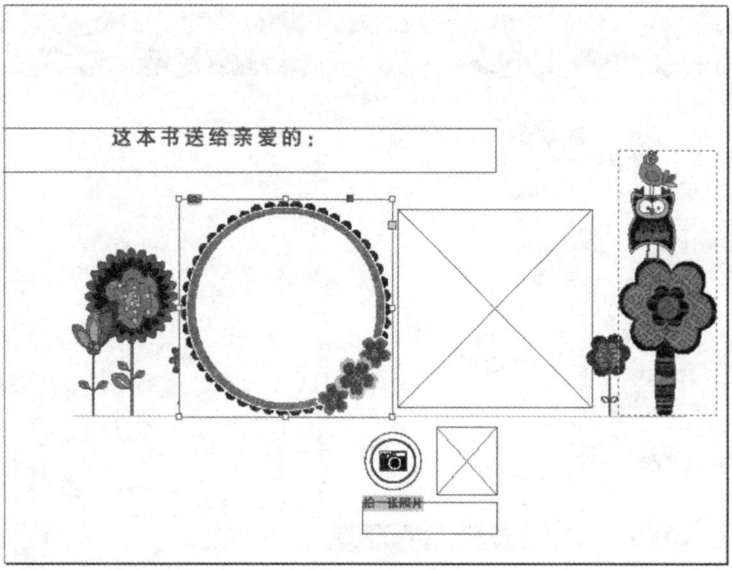

图 3-46 排版

图 3-47 添加绘图属性

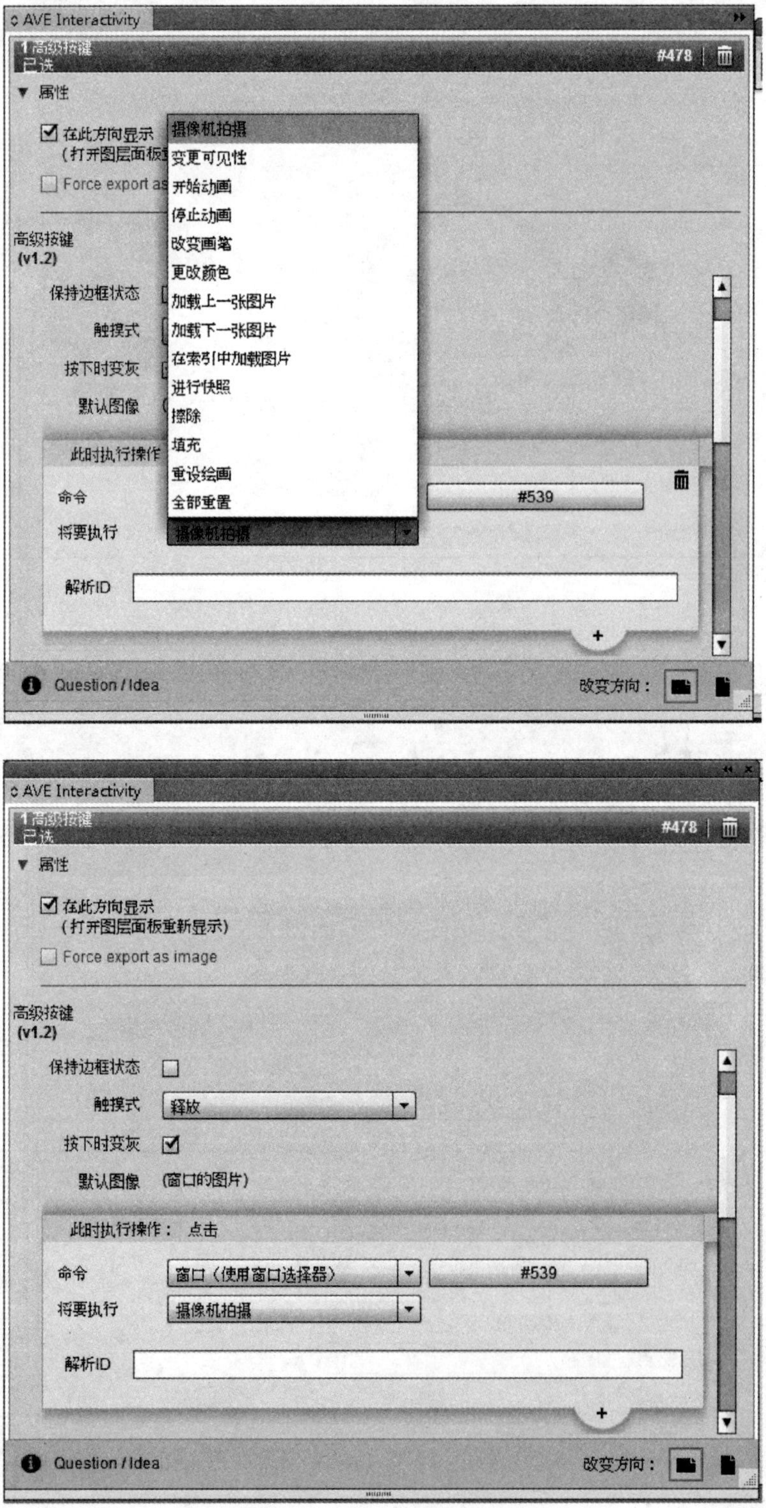

图 3-48　高级按键添加摄像机拍摄

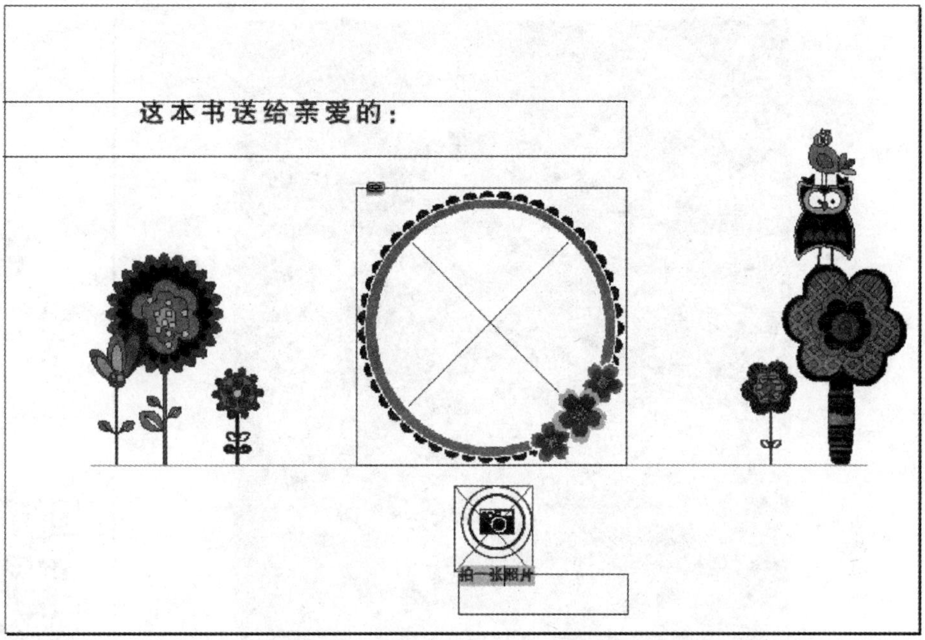

图 3-49 完成效果

（2）高级按键不但可以调用摄像头，还可以实现更改颜色，擦除等其他功能。

3.2.9 子界面

子界面指在 InDesign 文件页面内可嵌入一个单独的页面，页面内容独立存在，不受主页面内容影响，子界面可作为页面元素独立存在。子界面需单独建立，页面外编辑。子界面可以是比页面尺寸大的长页面，也可以是多个页面组成的 InDesign 文件。

效果如图 3-50 所示，图下方的文字可滚动播放。

步骤：

（1）页面中置入图片。用矩形工具画与图片等宽，与页面等高的矩形，填充颜色（R191，G15，B0），透明度调为 60%，按"Ctrl+["，调整矩形至图片下一层。

（2）用矩形框架工具画 491px×254px 框架，选中框架，点击"interactivity"-"子界面"，显示如图 3-51 所示界面。子文件可"创建"或"choose"已经建好的子界面。点击"创建"，InDesign 自动创建与前面矩形框架 491px×254px 同等大小的页面，并跳转到子界面编辑状态。

（3）在子界面中置入文字"florence. txt"，字体微软雅黑，字号 14 点，用页面工具调整页面高度至 1380px 或用"文件"-"文档设置"，修改子界面页面高度，文字无溢出的状态，如图 3-52 所示。"Ctrl+s"保存操作，返回主页面。

子界面

图 3-50 效果图

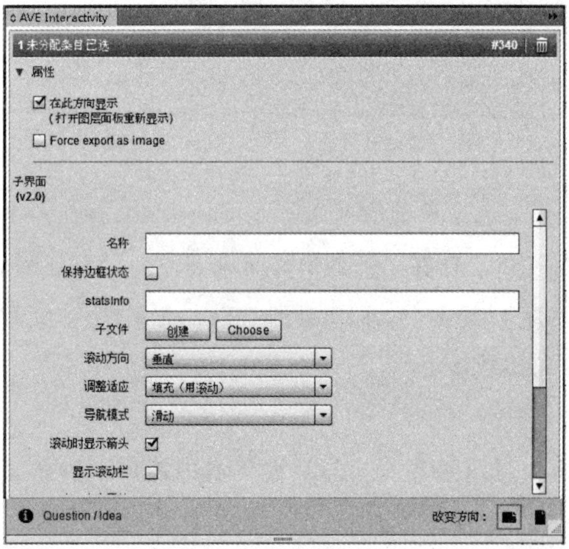

图 3-51 子界面属性

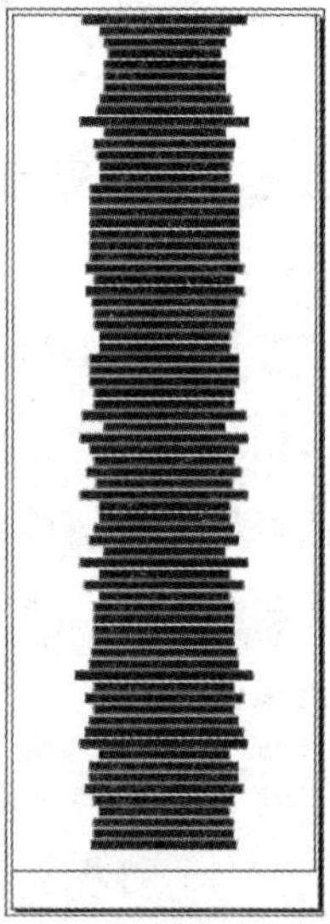

图 3-52 编辑子界面

（4）子界面保存后，主页面的子界面框架左上方出现黄色叹号，代表子界面内容有更新，可双击黄色叹号，也可双击“窗口”-“链接”窗口的黄色叹号，实现子界面在主页面内容的更新，如图 3-53 所示。

（5）当鼠标放置在子界面矩形框架中心时变成手型，中心出现类似光盘圆心图案时可点击鼠标选中子界面拖动子界面在矩形框架工具的初始位置。“创建”的子界面默认与矩形框架上对齐，“choose”的子界面默认与矩形框架中心对齐。

图 3-53　链接更新

图 3-54　子界面滚动方向选择

（6）子界面在矩形框架中的滚动方向分：无滚动、垂直、垂直（从底部开始），水平（从左开始）、水平（从右开始）、此处选垂直，如图 3-54 所示。

（7）调整适应分填充（用滚动）、填充（无滚动）、调整三种状态。“填充（用滚动）”

代表子界面在矩形框架内滚动；“填充（无滚动）”代表子界面局部填满矩形框架但不可滚动；“调整”代表子界面按比例缩放至与矩形框架等大，不可滚动，如图 3-55 所示。

（8）导航模式分为停用、滑动、箭头、覆盖箭头。此处选择滑动。并可根据需要选择滚动时是否显示箭头，是否显示滚动栏及是否启用内容导航。边界模糊尺寸代表文字滑入和滑出时边界模糊的程度，一般默认为 5px，如图 3-56 所示。

图 3-55　三种调整适应效果图

图 3-56　导航模式选择

（9）完成以上步骤，测试，导出。

3.2.10 锚点

锚点可以理解为一种页面识别符，可配合按键添加转到页面的动作，也可以通过触发锚点上添加的动作实现变更可见性等一系列动作。

效果如图 3-57 所示，点击目录页三张图时分别跳转到对应的页面，点击主页图标，返回目录页。

锚点

图 3-57 效果图

步骤：

(1)“圆形框架工具＋shift 键”画正圆，按住 Alt 键拖动正圆复制两个，点击顶对齐按钮，三个圆形框架顶对齐。选中圆形框架，“快捷键 Ctrl＋D”分别置入杭州、上海、苏州三张图片。在对应图片下写“杭州”，“上海”，“苏州”，字体方正魏碑 GBK，大小 36 点。圆形框架工具画三个正圆 c1、c2、c3，分别覆盖在三张图上，如图 3-58 所示。矩形框架工具画空白矩形框架，选中该空白矩形框架，点击“interactivity”-“锚点”，名称输入 anchor，如图 3-59 所示。该锚点放在目录页，作为返回目录页的锚点。

(2)“窗口”-“页面”-添加 3 个页面，双击第 2 页进入页面，置入杭州图片，使用竖排文字工具写“杭州”，字体华文行楷，大小 76 点；置入主页图标；矩形框架工具画空白矩形 r1、r2。r1 覆盖在“杭州”上，r2 覆盖在主页图标上，如图 3-60 所示。选中 r1，

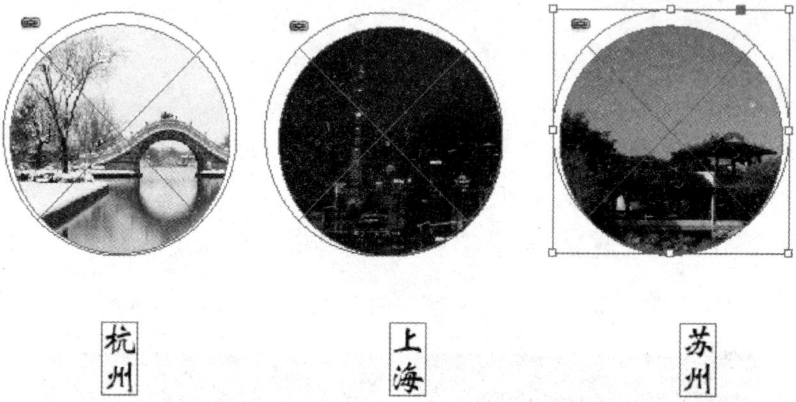

图 3-58　空白框架覆盖

点击 “interactivity” - “锚点”，锚点名称写 anchor1，如图 3-61 所示；选中 r2，点击 “interactivity” - “按键”，点击创建，命令 “阅读器”，将要执行 “go to anchor”，anchor 名称填 “anchor”，如图 3-62 所示。

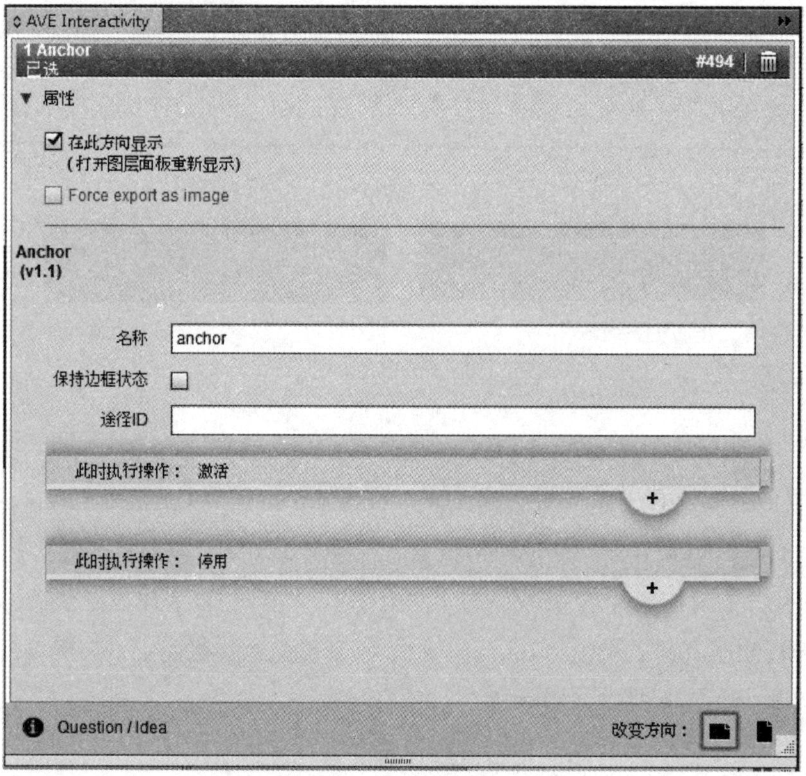

图 3-59　锚点属性

（3）“页面” 面板，双击第 3 页进入页面，置入上海图片，使用竖排文字工具写 “上

图 3-60　跳转到锚点

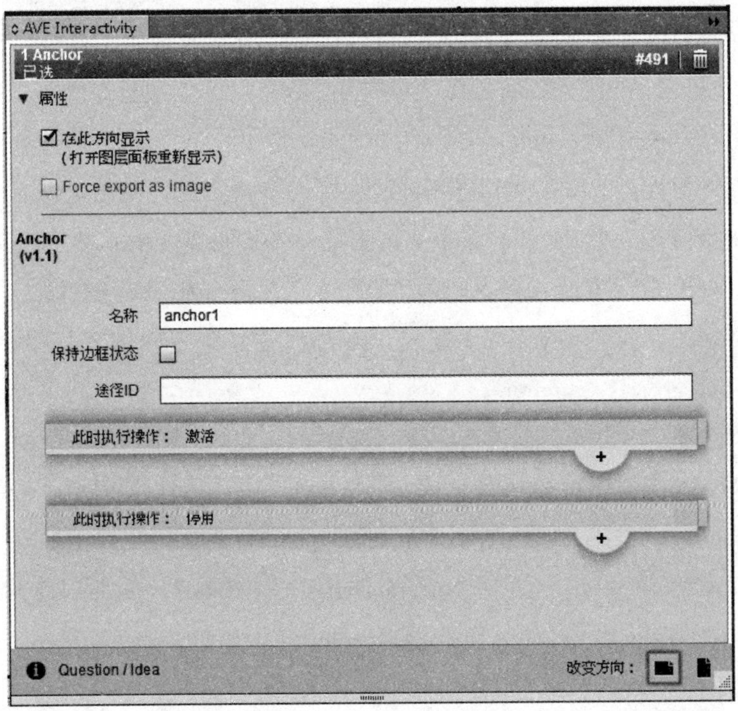

图 3-61　定义锚点

海”，字体华文行楷，大小 76 点；置入主页图标；矩形框架工具画空白矩形 r3，r4。r3 覆盖在“上海”上，r4 覆盖在主页图标上。选中 r3，点击“interactivity” - “锚点”，锚点名称写 anchor2；选中 r4，点击“interactivity” - “按键”，点击“创建”，命令阅读器，

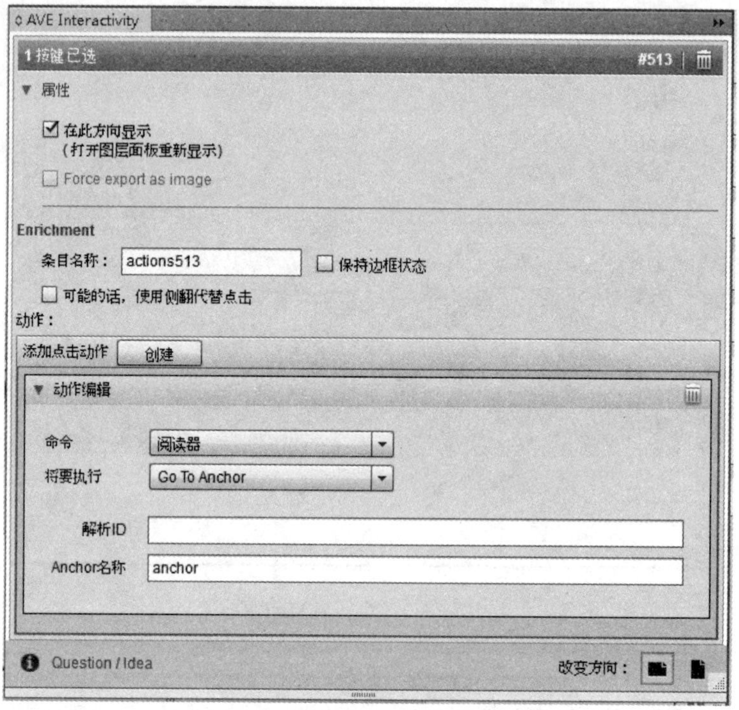

图 3-62 跳转到锚点

将要执行“go to anchor”，anchor 名称填“anchor”。

（4）“页面”面板，双击第 4 页进入页面，置入苏州图片，使用竖排文字工具写“苏州”，字体华文行楷，大小 76 点；置入主页图标；矩形框架工具画空白矩形 r5，r6。r5 覆盖在“苏州”，r6 覆盖在主页图标上。选中 r5，点击 interactivity-锚点，锚点名称写 anchor3；选中 r6，点击 interactivity-按键，点击创建，命令阅读器，将要执行“go to anchor”，anchor 名称填“anchor”。

（5）窗口-页面，双击第 1 页进入页面。选中 c1，点击“interactivity”-“按键”，点击“创建”，命令阅读器，将要执行“go to anchor”，anchor 名称填“anchor1”。选中 c2，点击 interactivity-按键，点击创建，命令阅读器，将要执行“go to anchor”，anchor 名称填“anchor2”。选中 c3，点击“interactivity”-“按键”，点击创建，命令阅读器，将要执行“go to anchor”，anchor 名称填“anchor3”，如图 3-64 所示。

（6）完成以上步骤，测试，导出。

知识点：

需要注意添加锚点的名称要唯一，不能重复出现，否则按键在创建跳转动作时无法找到锚点。尤其在书籍排版时，添加较多的锚点，需要按章节有规律编号。

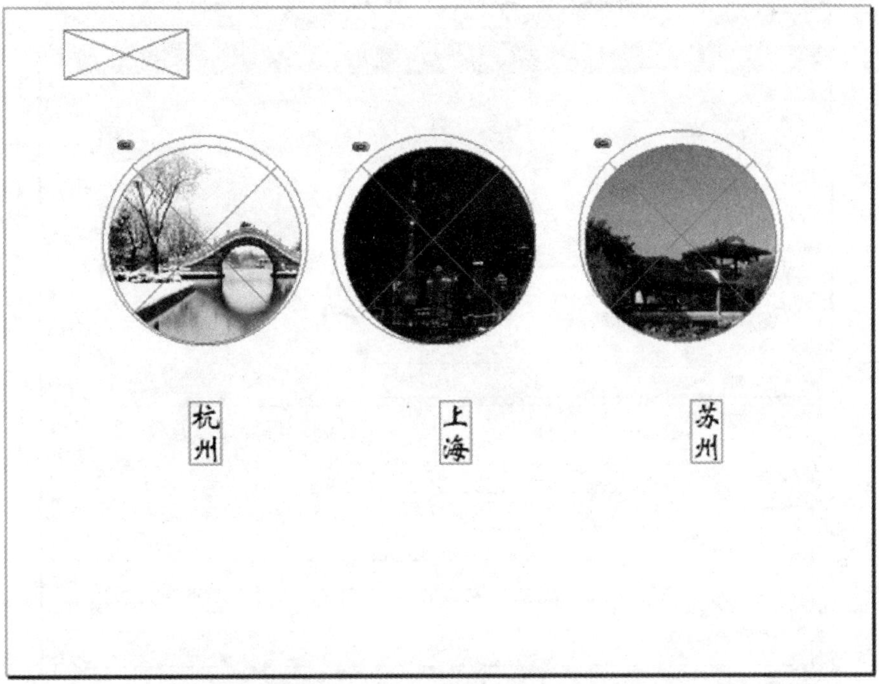
杭州
上海
苏州

图 3-63　跳转到首页

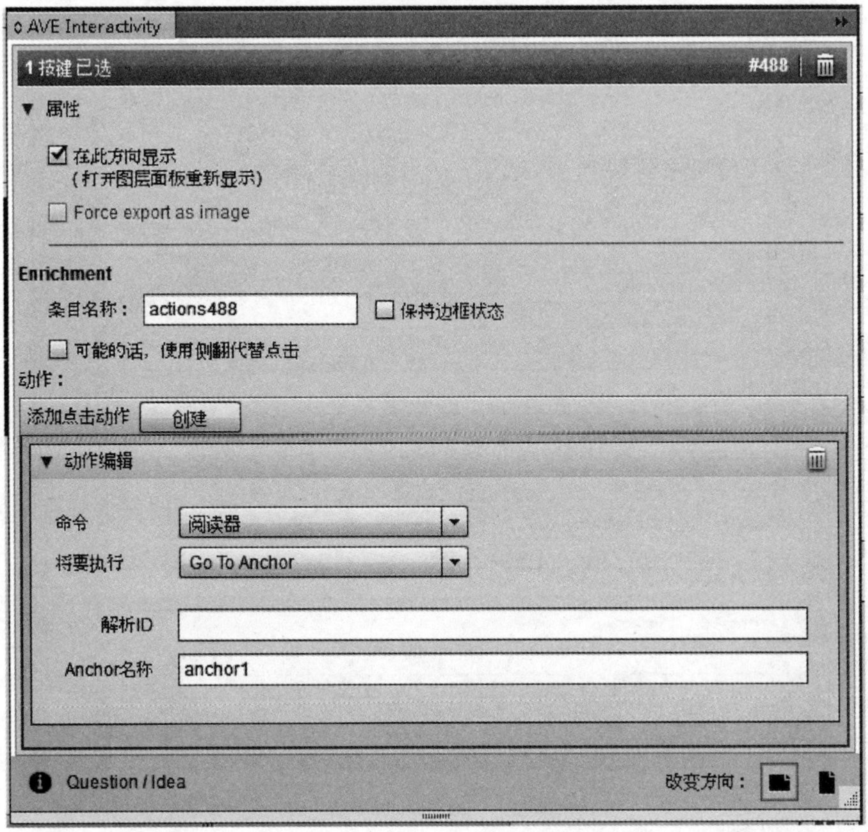
AVE Interactivity
1 按键 已选
#488
属性
在此方向显示
（打开图层面板重新显示）
Force export as image
Enrichment
条目名称：
actions488
保持边框状态
可能的话，使用侧翻代替点击
动作：
添加点击动作
创建
动作编辑
命令
阅读器
将要执行
Go To Anchor
解析ID
Anchor名称
anchor1
Question / Idea
改变方向：

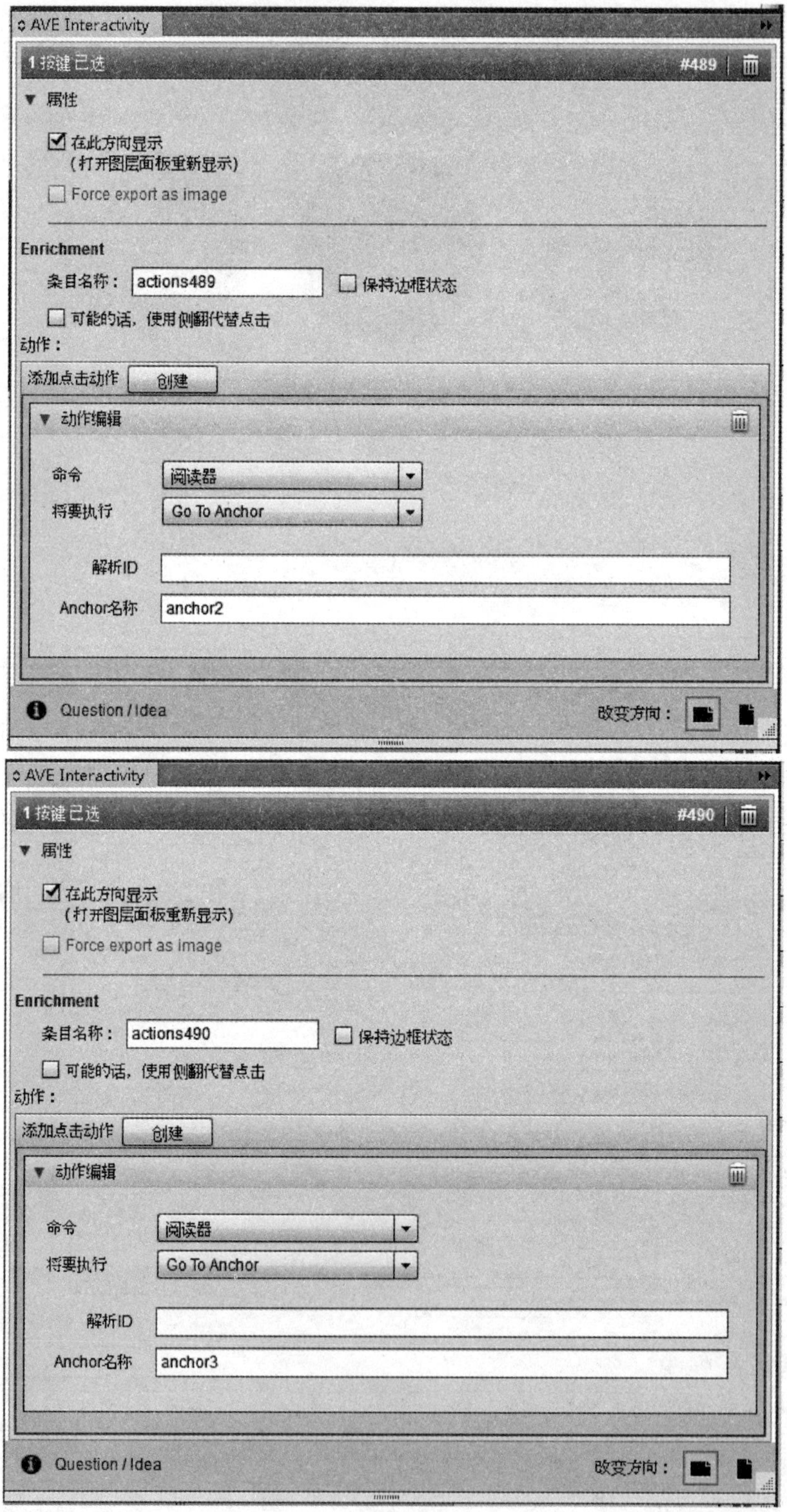

图 3-64 跳转到首页锚点

3.2.11 脚本

脚本

脚本用来辅助完成一些重复动作的添加，以减少动作添加数量。

效果如图 3-65 所示，点击播放按钮播放音频 v1，按钮状态变为暂停；点击暂停按钮，音乐暂停播放。

图 3-65 效果图

步骤：

（1）使用“椭圆框架工具＋shift”画三个正圆，分别置入三张图片。矩形框架工具画矩形框架 r1、r2、r3。选中 r1，点击“interactivity”-“音频”，点击文件选择要置入的音频 1。选中 r2，点击“interactivity”-“音频”，点击文件选择要置入的音频 2。选中 r3，点击“interactivity”-“音频”，点击文件选择要置入的音频 3。使用“椭圆工具＋shift”画圆形，填充白色；钢笔工具画三角形，填充颜色（R0，G255，B196）。将圆形与三角形中心对齐，Ctrl＋G 编组，形成播放按钮，图层中命名为 p1。按 Alt，复制两个播放按钮，分别命名为 p2、p3。使用“椭圆工具＋shift”画圆形，填充白色；矩形工具画两个小矩形，填充颜色（R0，G255，B196），将两个小矩形编组。再将小矩形与圆形中心对齐后编组，形成暂停工具，图层中命名为 s1。按 Alt，复制两个暂停工具，分别命名为 s2、s3。

（2）使用椭圆框架工具画椭圆，点击“interactivity”-“脚本”，名称 script1，动作组列表添加动作。命令-窗口（使用窗口选择器），点击“单击并选择窗口”，点击音频 v1，将要执行“暂停”；命令-窗口（使用窗口选择器），点击“单击并选择窗口”，点击音频 v2，将要执行“暂停”；命令-窗口（使用窗口选择器），点击“单击并选择窗口”，点击音频 v3，将要执行“暂停”，完成脚本编写，如图 3-66 所示。脚本 script1 的功能是暂停所有音频播放。

（3）椭圆框架工具画椭圆，点击“interactivity”-“脚本”，名称 script2，动作组列表添加动作。“命令”-“窗口”（使用窗口选择器），点击“单击并选择窗口”，点击 p1，

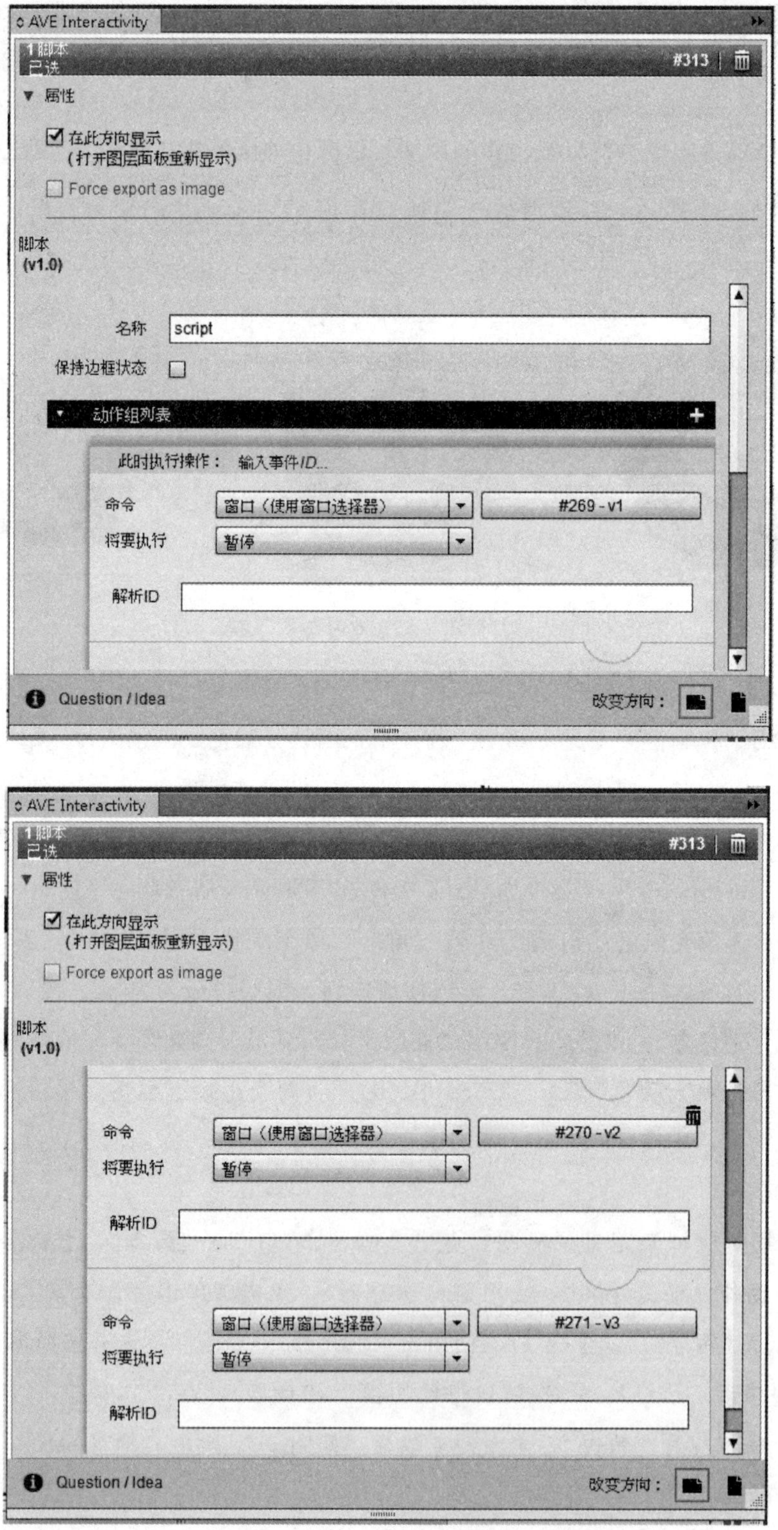

图 3-66　脚本动作添加（一）

图 3-67　脚本动作添加（二）

将要执行“变更可见性”-可见；“命令”-“窗口”（使用窗口选择器），点击“单击并选择窗口”，点击p2，将要执行“变更可见性”-可见；命令-窗口（使用窗口选择器），点击“单击并选择窗口”，点击p3，将要执行“变更可见性”-可见，完成脚本编写，如图3-67所示。脚本script2的功能是显示所有播放按钮。

（4）选中s1，点击“interactivity”-“按键”，创建动作，“命令”-“窗口”（使用窗口选择器），点击“单击并选择窗口”后，选择音频v1，执行“暂停”；选中s2，点击“interactivity”-“按键”，创建动作，“命令”-“窗口”（使用窗口选择器），点击“单击并选择窗口”后，选择音频v2，执行“暂停”；选中s3，点击“interactivity”-“按键”，创建动作，“命令”-“窗口”（使用窗口选择器），点击“单击并选择窗口”后，选择音频v3，执行“暂停”，如图3-68所示。

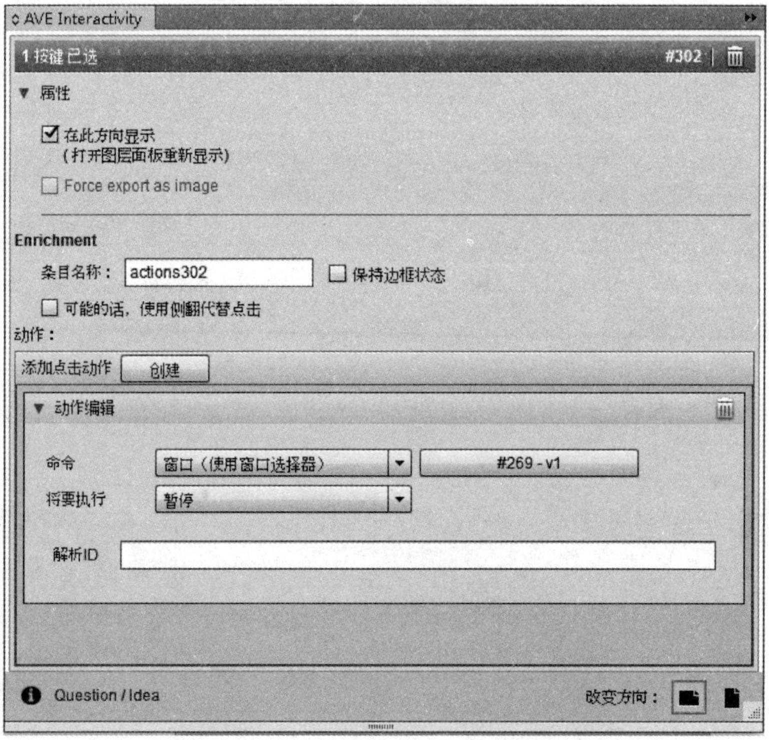

图3-68 按键动作添加

（5）选中p1，点击“interactivity”-“按键”，创建动作，命令-窗口（使用窗口选择器），点击“单击并选择窗口”后，选择第2步创建的椭圆脚本script1，执行“附ID的动作”，如图3-69所示。继续创建动作，“命令”-“窗口”（使用窗口选择器），点击“单击并选择窗口”后，选择第3步创建的椭圆脚本script2，执行“附ID的动作”，如图3-70所示。点击“创建”，“命令”-“窗口”（使用窗口选择器），点击“单击并选择窗口”后，选择音频v1，执行“播放”，如图3-71所示。点击创建“命令”-“窗口”（使用窗口选择

择器)，点击“单击并选择窗口”后，选择 p1，执行“变更可见性”-“隐藏”，如图 3-72

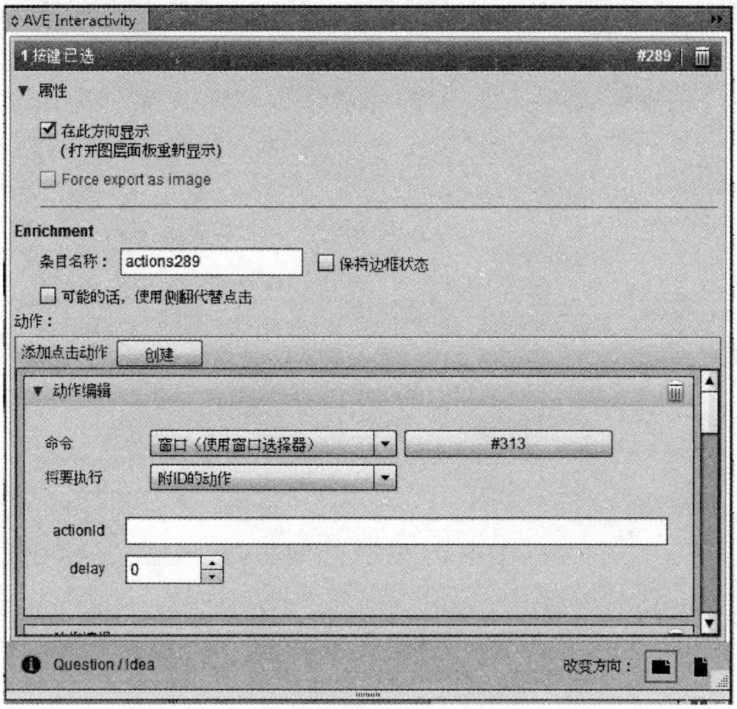

图 3-69　执行脚本 script1 暂停所有音乐

图 3-70　执行脚本 script2 显示所有播放按钮

图 3-71 执行音乐播放

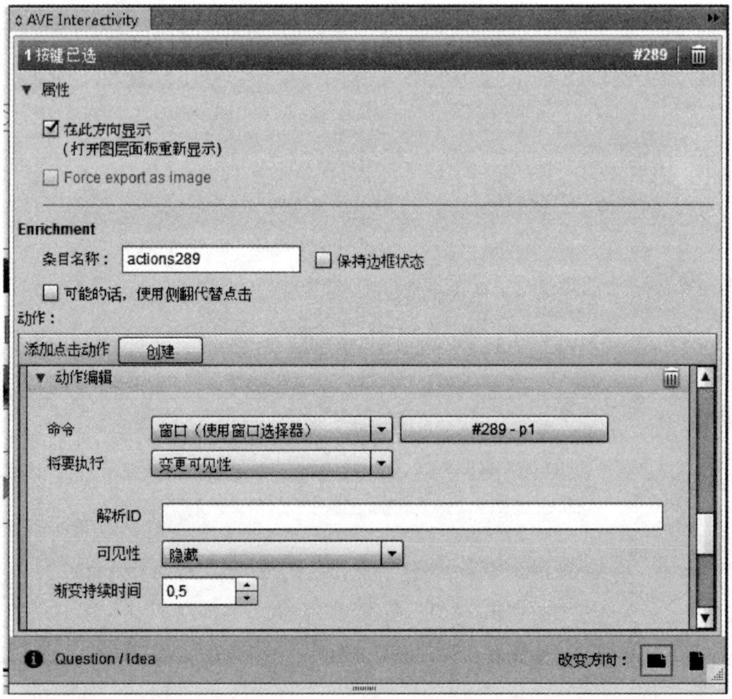

图 3-72 执行播放按键隐藏

所示。点击创建“命令”-“窗口”（使用窗口选择器），点击“单击并选择窗口”后，选择 s1，执行“变更可见性”-“可见”，如图 3-73 所示。

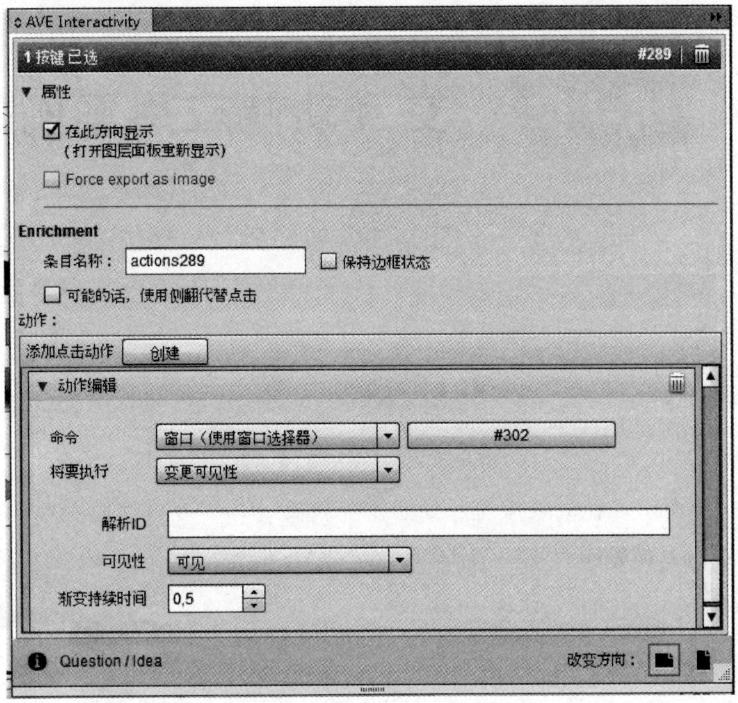

图 3-73　执行暂停按键可见

（6）完成以上步骤，测试，导出。

第4章 交互功能应用案例

4.1 换　　装

换装

效果如图 4-1 所示，拖动衣服至小姑娘上身位置处，实现自动换衣服；拖动靴子至小姑娘脚上，实现自动换鞋子。

图 4-1　效果图

思路分析：案例中用到了点击、拖动、放置的交互动作，根据动作特征可以分析，此案例主要使用的交互功能为拖放。白色展示区衣服是被拖动对象，小姑娘身上的衣服是放置位置，整个页面范围可作为拖放命令添加的可移动区域。换装可循环进行，说明一次拖放完成后进行了动作重置。

步骤：

(1) 置入背景图和丝带图，用直线工具画垂直和水平分布的线条，粗细 0.283px，颜色（R200，G200，B200），组成浅色网格背景。将丝带和背景图及网格放置到合适位置，并在图层中锁定，待完成交互动作添加后可解锁，如图 4-2 所示。

图 4-2　网格制作及元素添加

（2）置入粉色衣服和紫色衣服图，将两图片调整到适合小姑娘尺寸，按住“alt 键”拖动图片，各复制一张；将穿在小姑娘身上图片分别命名为“pink”、“purple”，将放在拖放区两件衣服分别命名为“pink-drag”和“purple-drag”，如图 4-3 所示。

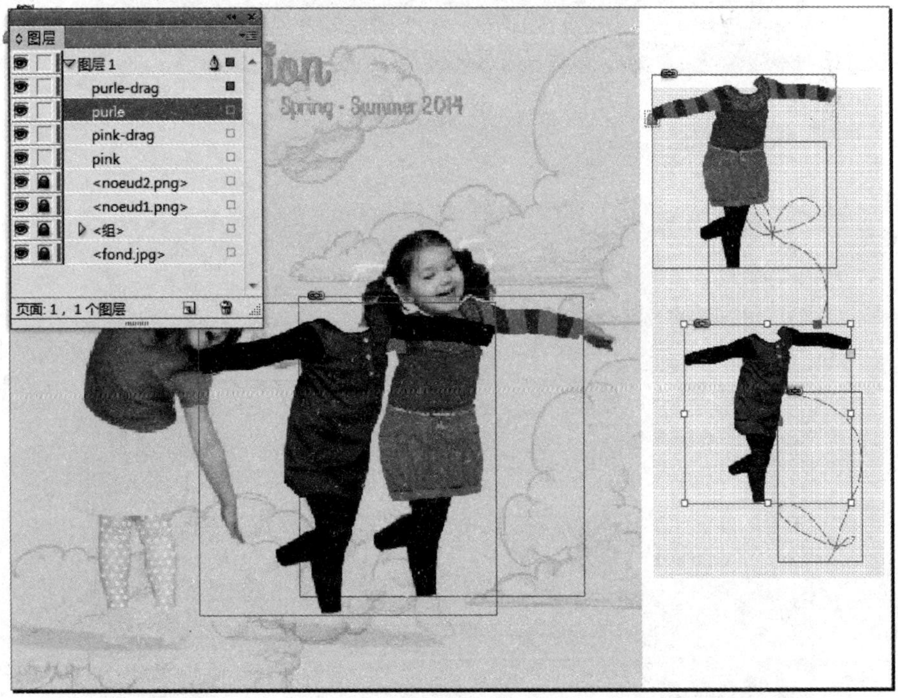

图 4-3　置入衣服

（3）矩形框架工具画框，命名为“矩形 1”，选中该框，点击“AVE interactivity” -

图 4-4　为空白框添加拖放动作

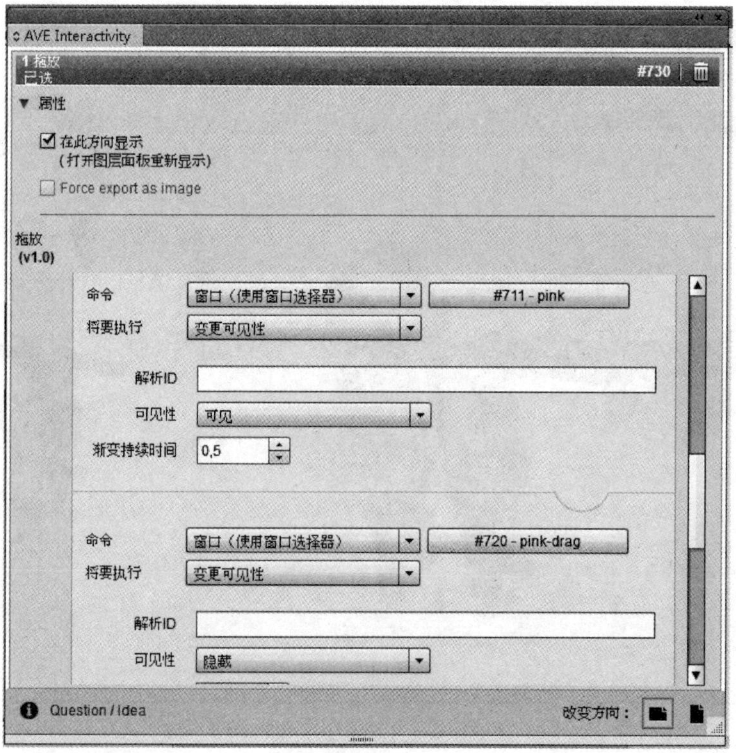

图 4-5　显示粉色衣服并隐藏粉拖

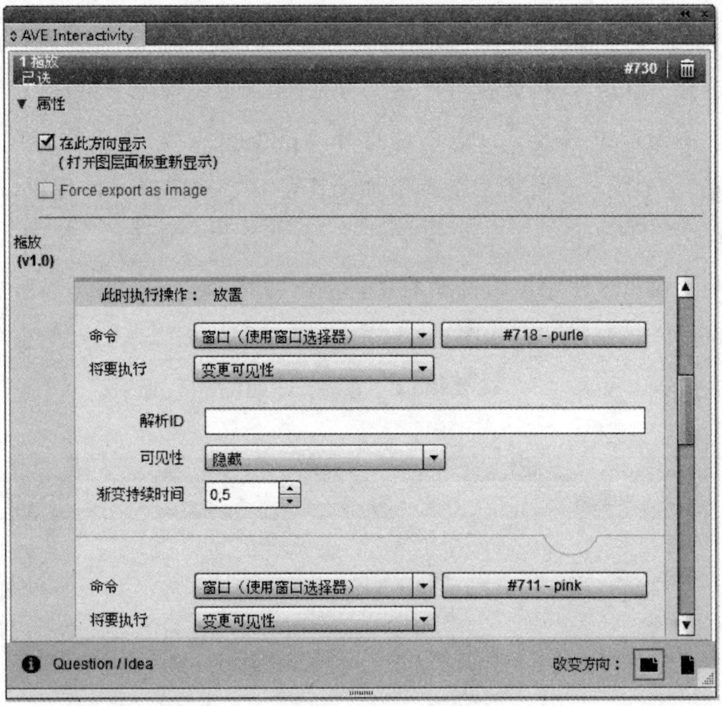

图 4-6　隐藏紫色衣服

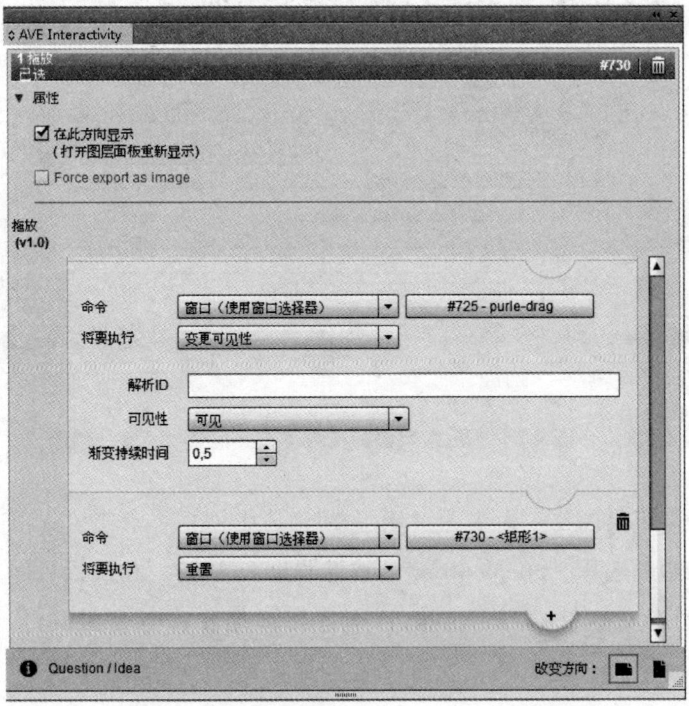

图 4-7　显示紫拖并重置框内动作

“拖放”，可拖动边框选择“pink-drag”，弹跳强度为 1，1，在放置目标文本框下，模式选择“放置”，目标文本框选择“purple”，如图 4-4 所示。命令“窗口（使用窗口选择器）”，点击并选择“pink”，将要执行“变更可见性”，可见性选“可见”；继续添加动作，命令“窗口（使用窗口选择器）”，点击并选择“pink-drag”，将要执行“变更可见性”，可见性选“隐藏”，如图 4-5 所示。继续添加动作，命令“窗口（使用窗口选择器）”，点击并选择“purple”，将要执行“变更可见性”，可见性选“隐藏”，如图 4-6 所示。继续添加动作，命令“窗口（使用窗口选择器）”，点击并选择“purple-drag”，将要执行“变更可见性”，可见性选“可见”，如图 4-7 所示。继续添加动作，命令“窗口（使用窗口选择器）”，点击并选择“矩形 1”，将要执行“重置”，如图 4-7 所示。

图 4-8 空白框架添加拖放动作并使紫衣可见

（4）矩形框架工具画框，命名为“矩形 2”，选中该框，点击“AVE interactivity”-“拖放”，可拖动边框选择“purple-drag”，弹跳强度为 1，1，在放置目标文本框下，模式选择“放置”，目标文本框选择“pink”；继续添加动作，命令“窗口（使用窗口选择器）”，点击并选择“purple”，将要执行“变更可见性”，可见性选“可见”，如图 4-8 所示。命令“窗口（使用窗口选择器）”，点击并选择“pink”，将要执行“变更可见性”，可见性选“隐藏”；继续添加动作，命令“窗口（使用窗口选择器）”，点击并选择“purple-drag”，将要执行“变更可见性”，可见性选“隐藏”，如图 4-9 所示；继续添加动作，命令“窗口（使用窗口选择器）”，点击并选择“pink-drag”，将要执行“变更可见性”，可见性选“可见”；继续添加动作，命令“窗口（使用窗口选择器）”，点击并选择“矩形2”，将要执行“重置”，如图 4-10 所示。在图层中隐藏“purple”和“pink-drag”，如图 4-11 所示。

（5）置入靴子图片，并调整至适合小姑娘，命名为 bottles1、bottles2。按住“Alt 键”，拖动鼠标复制两张图片，两张图片分别命名为 bottles1-drag、bottles2-drag，如图 4-12 所示。

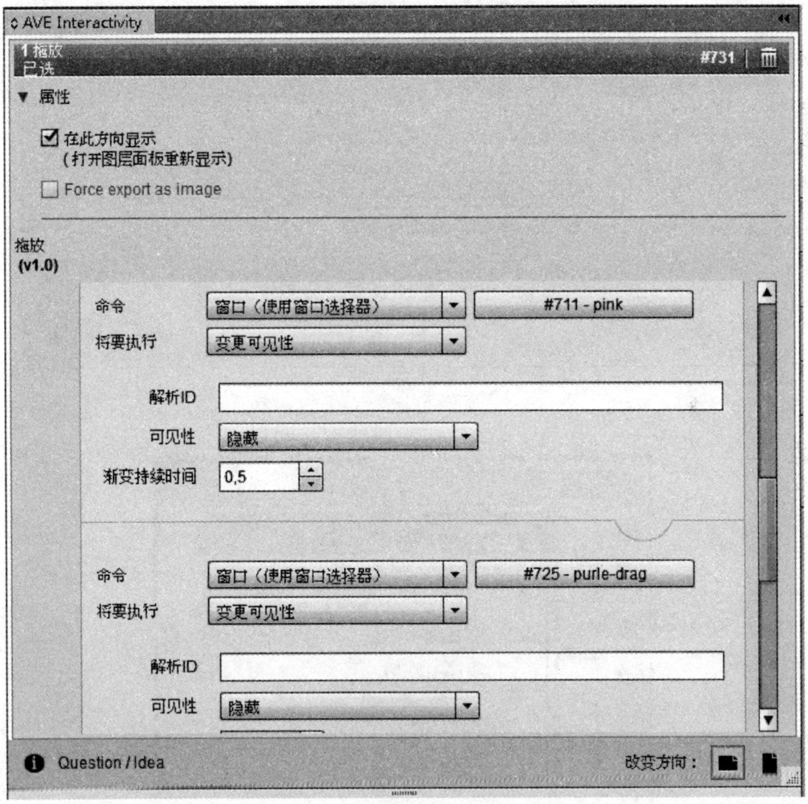

图 4-9 隐藏粉衣和紫拖

（6）矩形框架工具画框，命名为“矩形 3”，选中该框，点击“AVE interactivity”-“拖放”，可拖动边框选择“bottles1-drag”，弹跳强度为 1，1，在放置目标文本框下，模式选择“放置”，目标文本框选择“bottles2”。命令“窗口（使用窗口选择器）”，点击并选择“bottles1”，将要执行“变更可见性”，可见性选“可见”，如图 4-13 所示。继续添加动作，命令“窗口（使用窗口选择器）”，点击并选择“bottles2”，将要执行“变更可见性”，可见性选“隐藏”；继续添加动作，命令“窗口（使用窗口选择器）”，点击并选择“bottles1-drag”，将要执行“变更可见性”，可见性选“隐藏”，如图 4-14 所示。继续添加

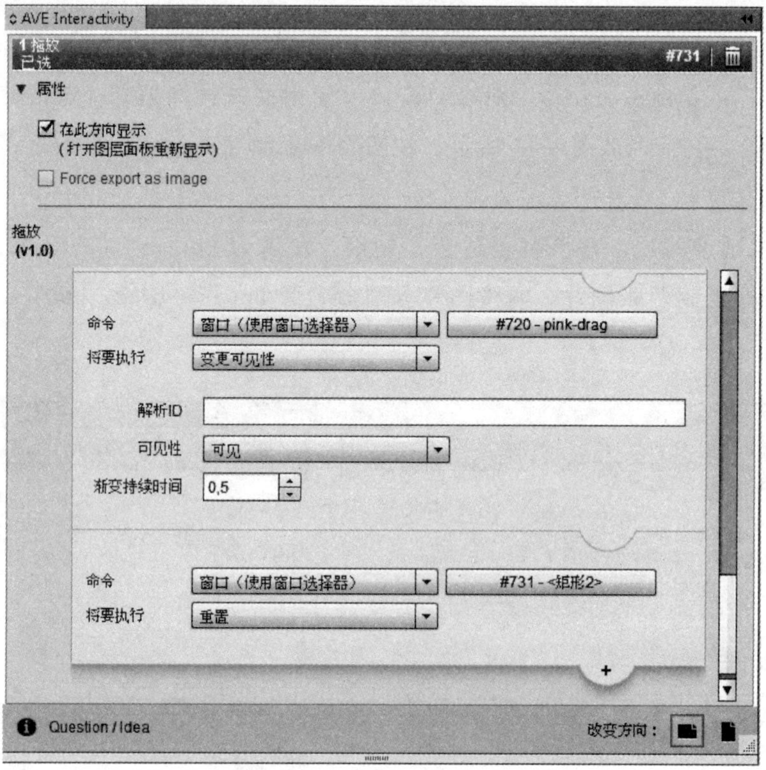

图 4-10 显示粉拖并重置框内动作

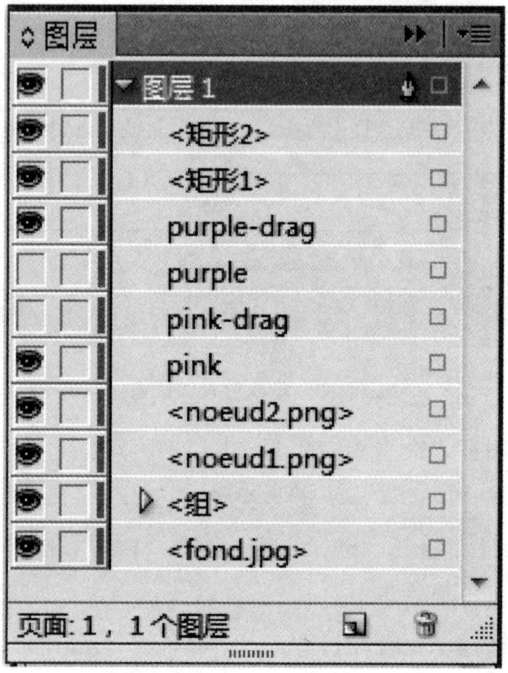

图 4-11 图层隐藏紫衣和粉拖

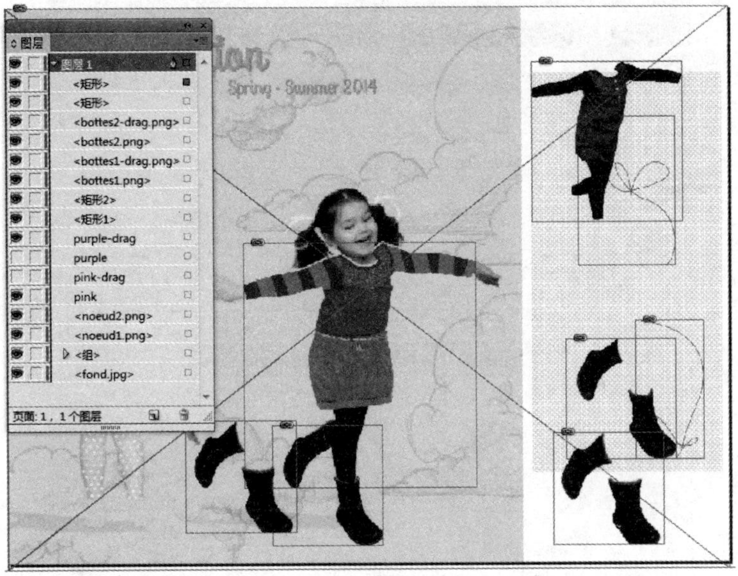

图 4-12　命名拖动和放置在脚上的 bottles

动作，命令“窗口（使用窗口选择器）”，点击并选择“bottles2-drag”，将要执行“变更可见性”，可见性选“可见”。继续添加动作，命令“窗口（使用窗口选择器）”，点击并选择“矩形 3”，将要执行“重置”，如图 4-15 所示。

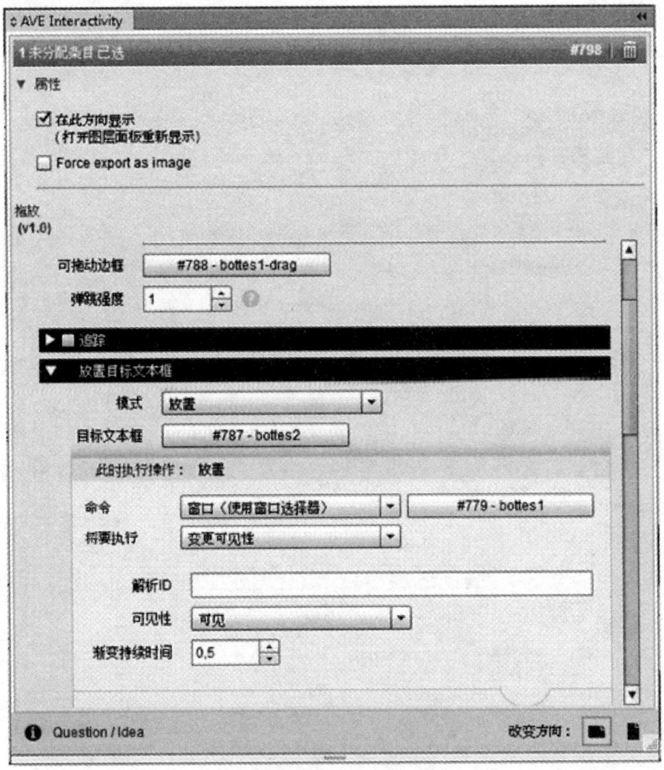

图 4-13　空白框架添加拖放并显示 bottles1

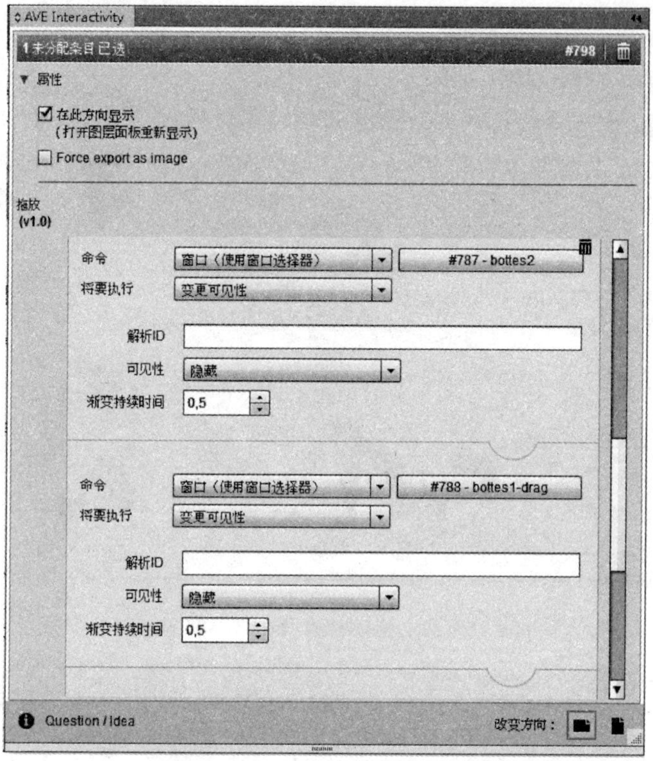

图 4-14　隐藏 bottles2 和 bottles1-drag

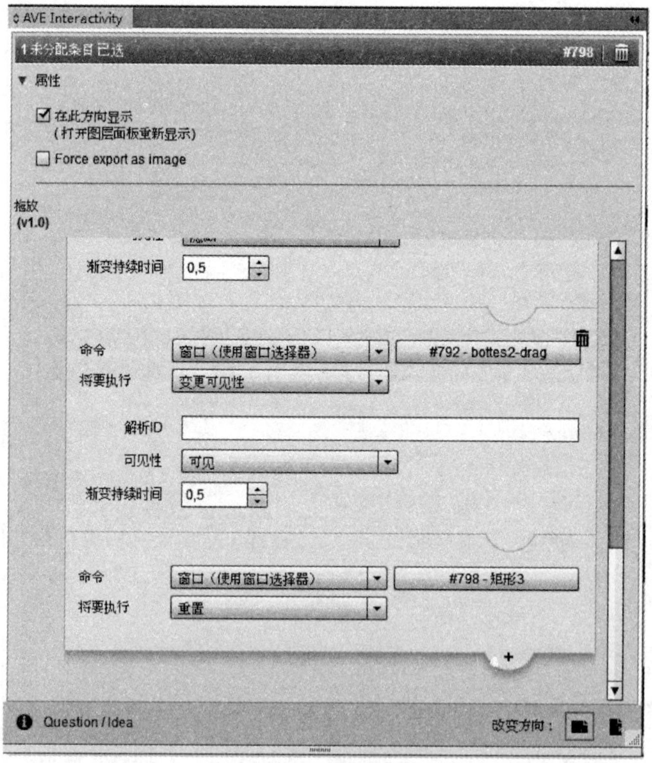

图 4-15　显示 bottles2-drag 并重置空白框内动作

（7）矩形框架工具画框，命名为“矩形 4”，选中该框，点击“AVE interactivity”-“拖放”，可拖动边框选择“bottles2-drag”，弹跳强度为 1，1，在放置目标文本框下，模式选择“放置”，目标文本框选择“bottles1”；命令“窗口（使用窗口选择器）”，点击并选择“bottles1”，将要执行“变更可见性”，可见性选“隐藏”，如图 4-16 所示。继续添加动作，命令“窗口（使用窗口选择器）”，点击并选择“bottles2”，将要执行“变更可见性”，可见性选“可见”，继续添加动作，命令“窗口（使用窗口选择器）”，点击并选择“bottles2-drag”，将要执行“变更可见性”，可见性选“隐藏”，如图 4-17 所示。继续添加动作，命令“窗口（使用窗口选择器）”，点击并选择“bottles1-drag”，将要执行“变更可见性”，可见性选“可见”；继续添加动作，命令“窗口（使用窗口选择器）”，点击并选择“矩形 2”，将要执行“重置”，如图 4-18 所示。在图层中隐藏“bottles1”和“bottles2-drag”，如图 4-19 所示。

（8）输入相关文字。Collection Grow 字体 Grand Hotel，字号 24 点，正文字体 Interstate-Bold，字号 14 点。在 Collection Grow 下画矩形，大小 245px×40px，颜色（R131，G223，B212）。

（9）完成以上步骤，测试，导出。

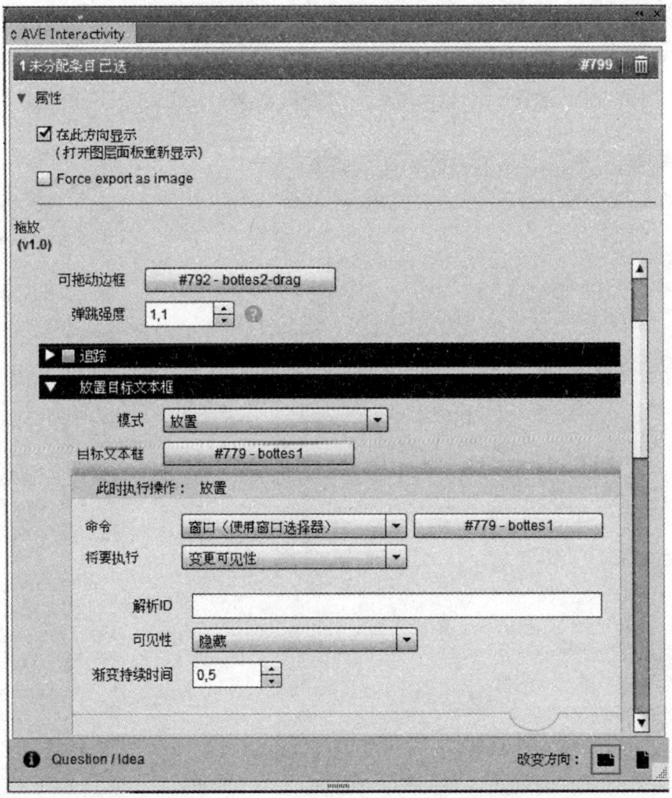

图 4-16　空白框添加交互并隐藏 bottles1

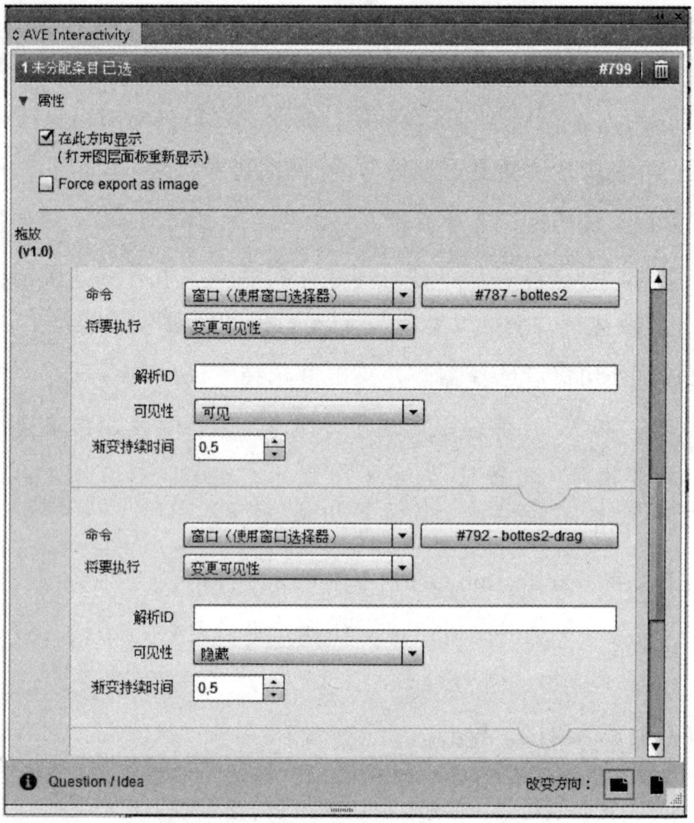

图 4-17　显示 bottles2 并隐藏 bottles2-drag

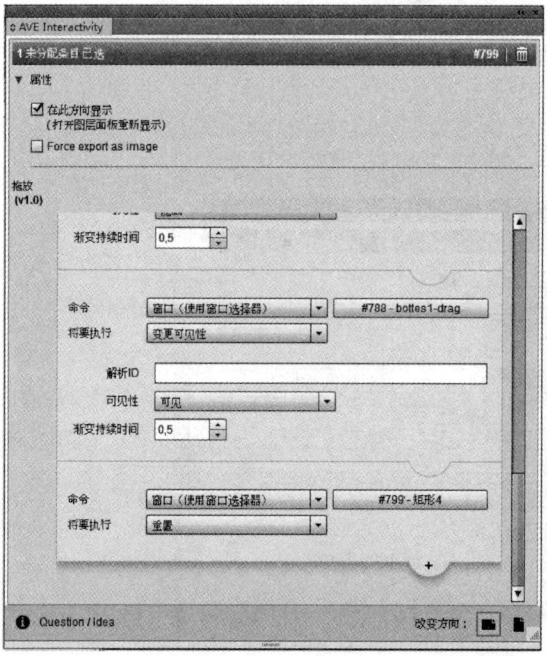

图 4-18　显示 bottles1-drag 并重置空白框内动作

图 4-19　图层命名

4.2　CD 播放案例

效果如图 4-20 所示，点击 CD 的播放按钮开始播放，换一张点击时上一张音乐停止，播放当下 CD 的音乐。点击 CD 周围的白色背景，出现天空云朵的动态变换效果。

CD 播放

图 4-20　效果图

思路分析：读者进入页面后点击 CD 的顺序具有随机性，故要从随机性里总结出一些规律。任意点击一张 CD 时，必然会发生前一张 CD 音乐停止，并且前一张 CD 的外观由暂停状态换为播放状态。所以在案例中需要做两个脚本，一个命令所有音乐停止，一个命令所有三角形播放按钮出现。

步骤：

(1) 矩形框架工具画与页面等大的框架 1024px×768px；选中框架，点击“AVE Interactivity”，选择“影音”，单击“文件”，选中要置入的视频文件 iStock. mp4，如图4-21 所示。

(2) 在置入视频的大框架上，用椭圆框架工具按住“shift”画圆，选中圆形框架，“快捷键 Ctrl＋D”置入图片，如图 4-22 所示。

(3) 用椭圆工具，按住“shift”键，画正圆，并填充颜色（R64，G255，B255）。用钢笔工具画三角形，长方形，填充纸色，做成如图 4-23 所示的播放和暂停按钮。复制三组播放和暂停按钮，分别放置在圆形图片内，做成光盘效果。图层中分别给这些播放和暂停命名为“播放 1”、“播放 2”、“播放 3”、“播放 4”、“暂停 1”、“暂停 2”、“暂停 3”、“暂停 4”。

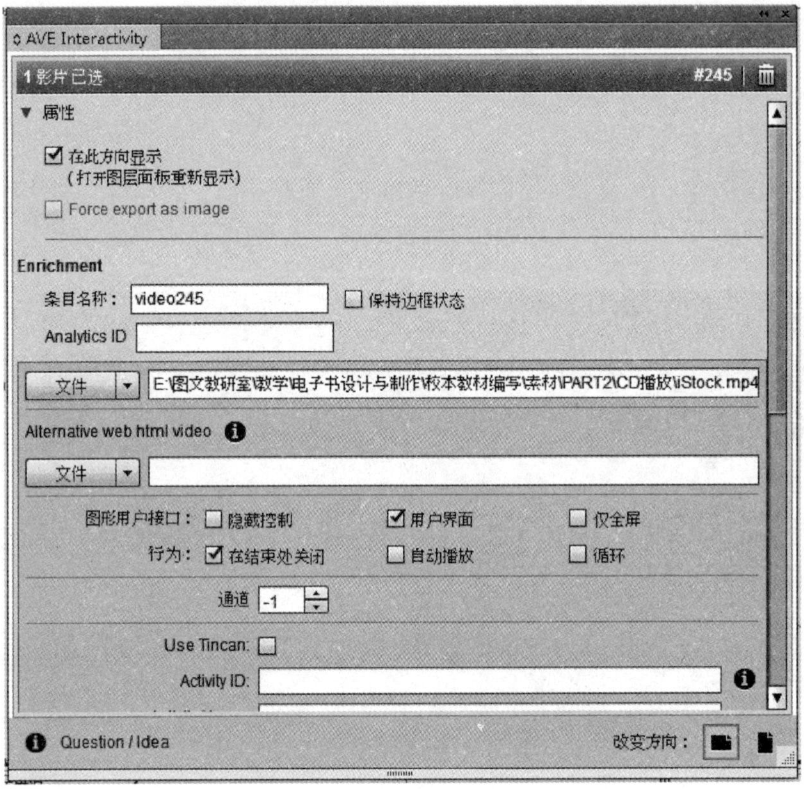

图 4-21 置入背景动画视频

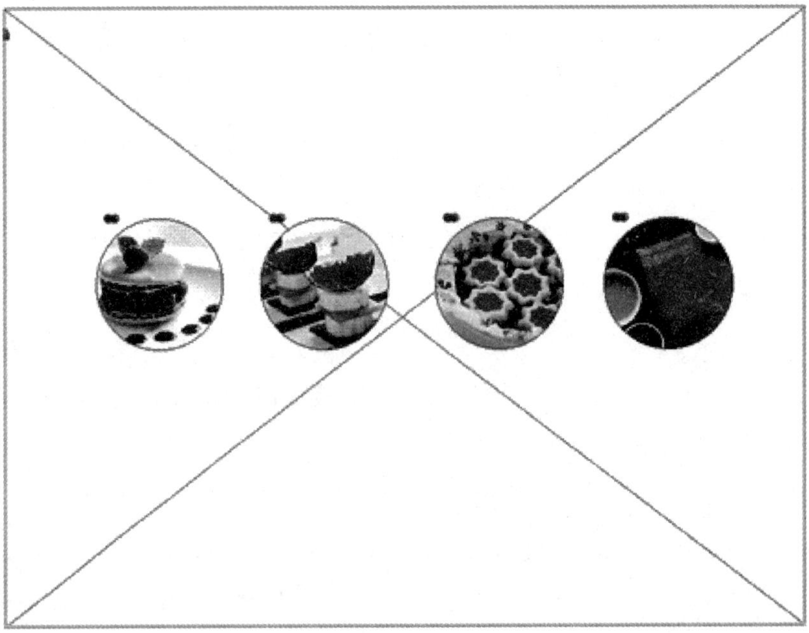

图 4-22 制作 CD 样图

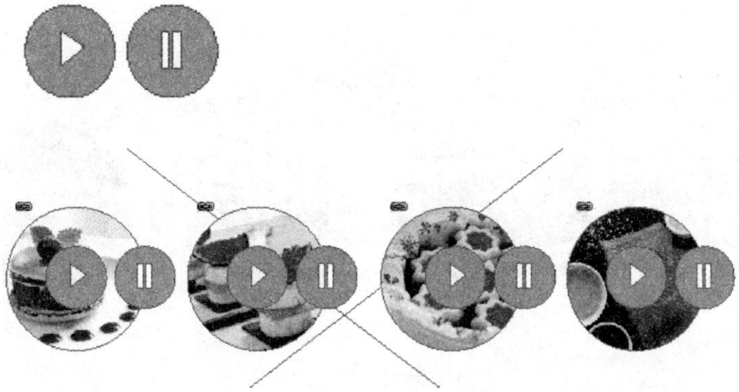

图 4-23 绘制播放和暂停按钮

（4）置入音频。用矩形框架工具画矩形 1，选中矩形 1，点击“AVE Interactivity”，选择“音频”，点击文件，选中要置入的音频文件，如图 4-24 所示。并依次再画矩形 2，矩形 3，矩形 4，分别置入不同的音频，如图 4-25 所示。

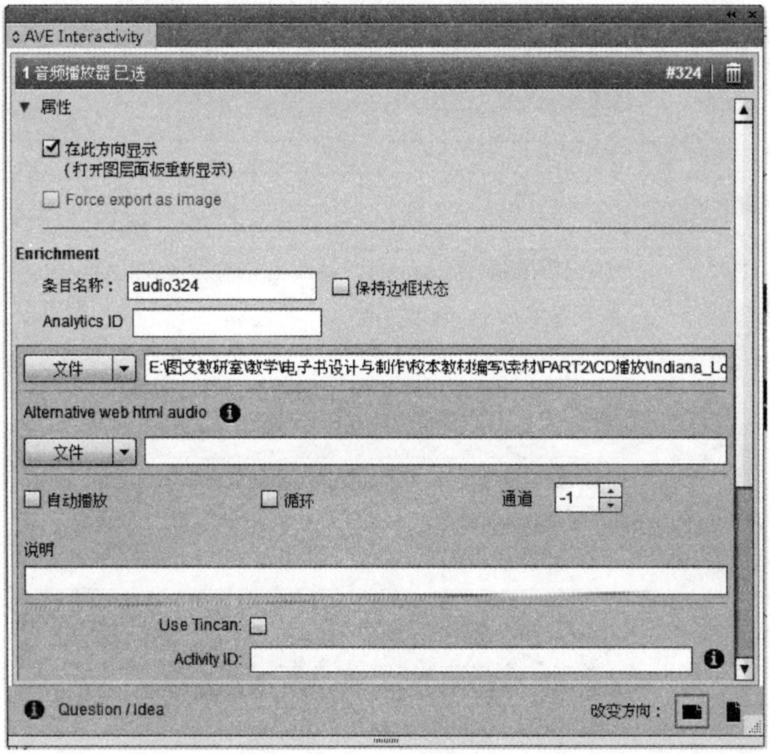

图 4-24 置入音频

（5）设置暂停所有音乐脚本。用矩形框架工具画矩形 5，选中该矩形框架，点击“AVE Interactivity”，选择“脚本”，名称填 script1，点击动作组列表右侧加号，点击下方加号添加动作。命令窗口（使用窗口选择器），点击“单击并选择窗口”后点击矩形 1，将要执行“暂停”；继续点击下方加号添加动作，命令窗口（使用窗口选择器），点击

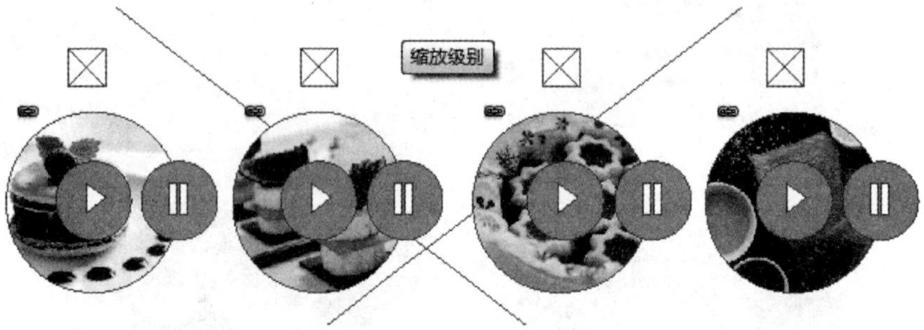

图 4-25 置入音频

“单击并选择窗口”后点击矩形 2，将要执行“暂停”；继续点击下方加号添加动作，命令窗口（使用窗口选择器），点击“单击并选择窗口”后点击矩形 3，将要执行“暂停”；继续点击下方加号添加动作，命令窗口（使用窗口选择器），点击“单击并选择窗口”后点击矩形 4，将要执行“暂停”，如图 4-26 所示。

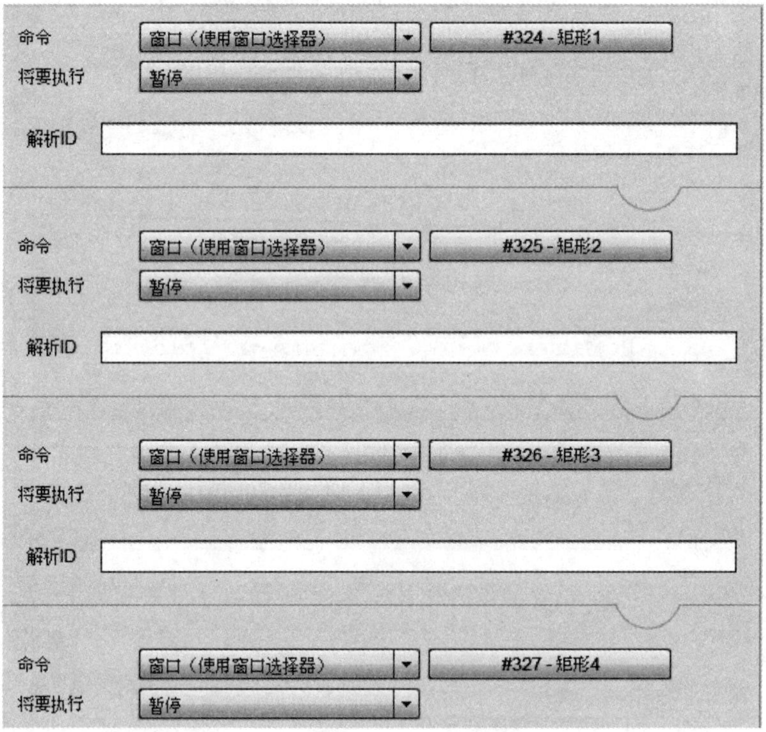

图 4-26 设置暂停所有音乐脚本

（6）设置显示所有播放按钮脚本。用矩形框架工具画矩形 6，选中该矩形框架，点击“AVE Interactivity”，选择“脚本”，名称填 script2，点击动作组列表右侧加号，点击下方加号添加动作。命令窗口（使用窗口选择器），点击“单击并选择窗口”后选择“播放

1”，将要执行“变更可见性”，可见性选择“可见”，如图 4-27 所示。继续点击下方加号添加动作。命令窗口（使用窗口选择器），点击“单击并选择窗口”后选择“播放 2”，将要执行“变更可见性”，可见性选择“可见”；继续点击下方加号添加动作。命令窗口（使用窗口选择器），点击“单击并选择窗口”后选择“播放 3”，将要执行“变更可见性”，可见性选择“可见”，如图 4-28 所示。继续点击下方加号添加动作。命令窗口（使用窗口选择器），点击“单击并选择窗口”后选择“播放 4”，将要执行“变更可见性”，可见性选择“可见”，如图 4-29 所示。

图 4-27　脚本控制显示播放 1

（7）设置播放按钮控制停止上一首音乐，播放自身音乐，且隐藏自身播放外观，显示暂停外观的动作。点击选择“播放 1”，点击“AVE Interactivity”，选择“按键”。创建动作，“命令窗口（使用窗口选择器）”，点击“单击并选择窗口”后选择“矩形 5”，将要执行“附 ID 的动作”；继续创建，命令窗口（使用窗口选择器），点击“单击并选择窗口”后选择“矩形 1”，将要执行“播放”，如图 4-30 所示。继续创建，命令窗口（使用窗口选择器），点击“单击并选择窗口”后选择“矩形 6”，将要执行“附 ID 的动作”；继续创建，命令窗口（使用窗口选择器），点击“单击并选择窗口”后选择“播放 1”，将要执行“变更可见性”，可见性选“隐藏”，如图 4-31 所示。继续创建，命令窗口（使用窗口选择器），点击“单击并选择窗口”后选择“暂停 1”，将要执行“变更可见性”，可见性选“可见”，如图 4-32 所示。

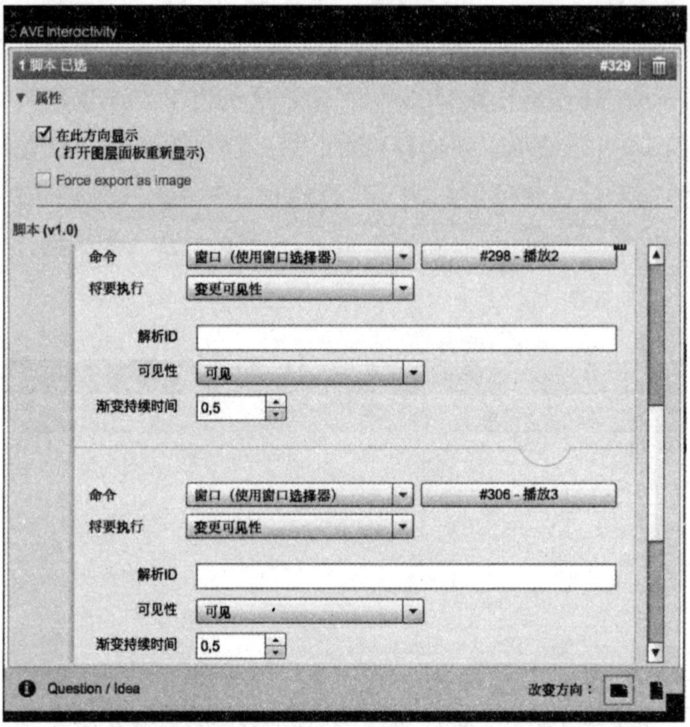

图 4-28 脚本控制显示播放 2 和播放 3

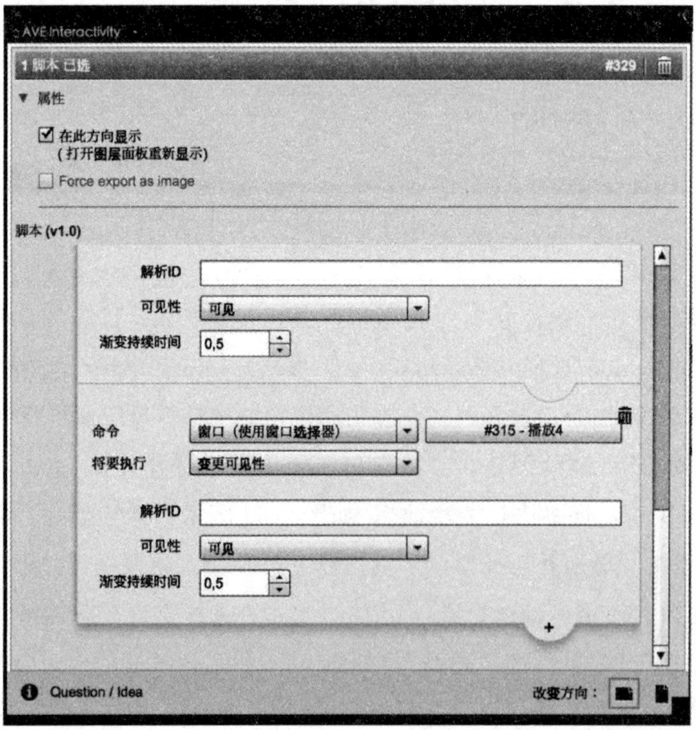

图 4-29 脚本控制显示播放 4

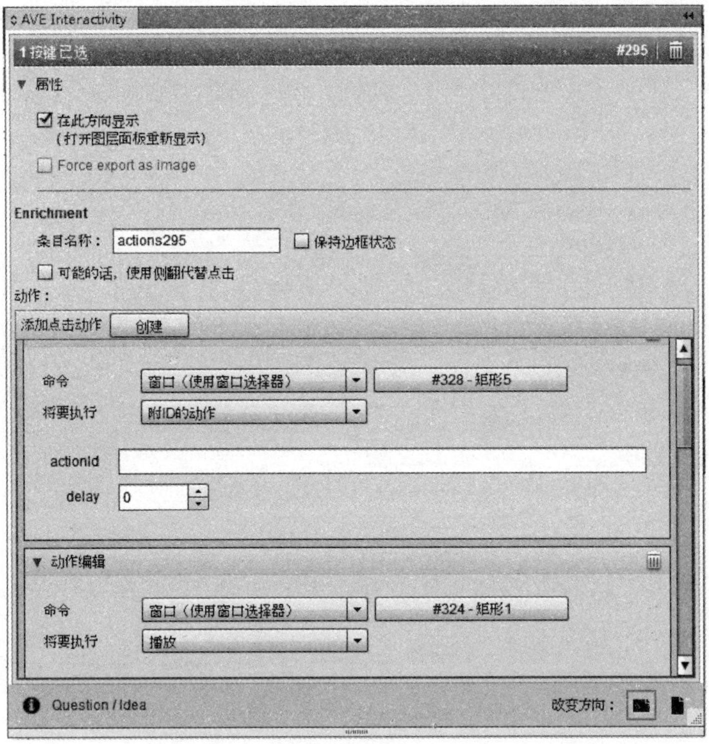

图 4-30　选中播放按键执行脚本 1 并播放自身音乐

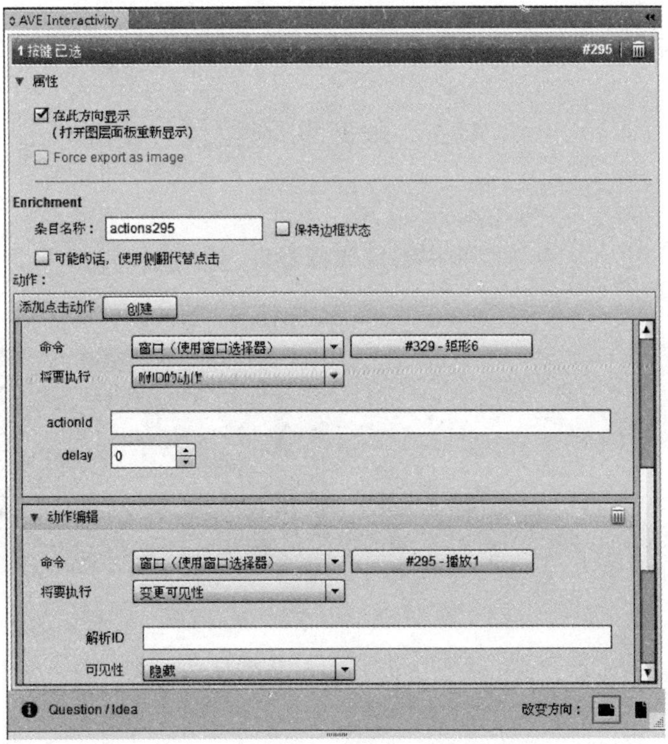

图 4-31　执行显示所有播放按钮脚本并隐藏自身播放按钮

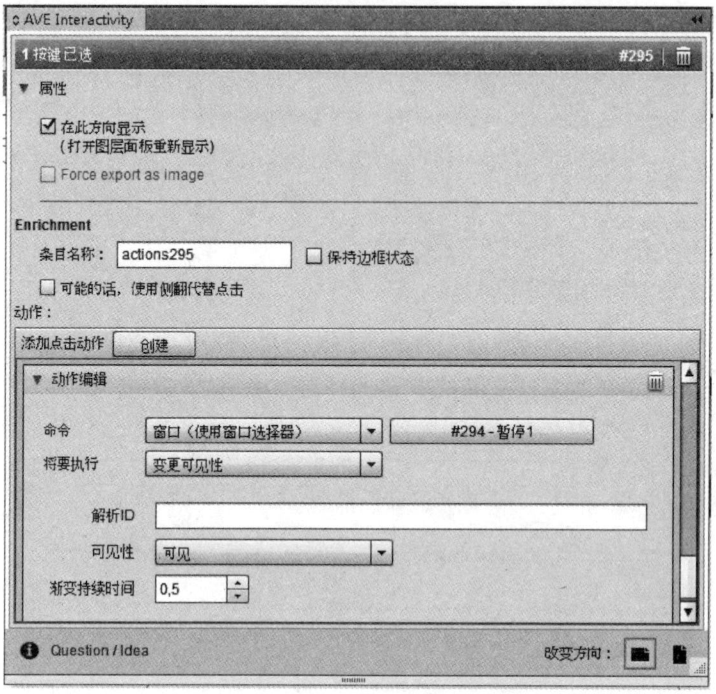

图 4-32　显示播放按键 1

（8）同样的方法继续添加“播放 2”、“播放 3”、“播放 4”的动作。

（9）完成以上动作后，测试，导出。

4.3　东方明珠轮播

东方明珠轮播

效果如图 4-33 所示，连续点击向右或向左箭头，图片循环播放，同时图片上覆盖颜色条发生切换。

图 4-33　效果图

思路分析：按照效果，点击向左或向右箭头，幻灯片切换，对应的色块也发生切换。表面看来一直在点击向右或向左的同一个按键，实际点击过程按键发生了切换。所以向左箭头和向右箭头实际都有四个控制按键。一个按键控制一个幻灯片画面和色块，当点击一个按键后，幻灯片画面和色块切换，下一个按键出现。

步骤：

（1）用矩形框架工具画 1024px×355px 的框架，图层中命名为 slideshow，选中 slideshow，点击“AVE Interactivity”，选择“幻灯片”，新建一个 4 页的简单幻灯片，点击“文件”，置入图 1、图 2、图 3、图 4，如图 4-34 所示。

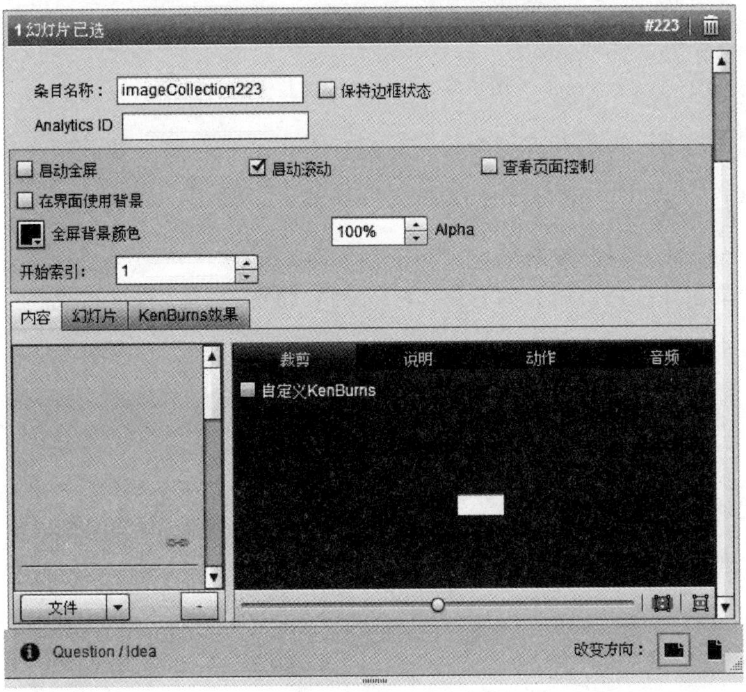

图 4-34　添加幻灯片画面

（2）矩形工具，画 1024px×85px 的矩形 1，填充颜色（R209，G0，B124），透明度设定为 30%；按住“alt”键，拖动矩形 1，复制 3 个新矩形，在图层中命名为矩形 2、矩形 3、矩形 4，颜色分别修改为（R152，G32，B255）、（R32，G32，B255）、（R140，G255，B32）。

（3）置入参考图片，覆盖在幻灯片的矩形框架上。参照图片上白色按键的大小画两个白色矩形，填充纸色，并用钢笔工具画向左和向右的箭头，线条类型选择圆点，粗细选择 2pt。用矩形框架工具画 4 个矩形框架，分别命名为 button11、button12、button13、button14，按住“alt”复制 4 个矩形框架，分别命名为 button21、button22、button23、button24，如图 4-35 所示。

（4）建立隐藏所有按键脚本。用椭圆形框架工具画 3 个空白框架，图层里命名为 oval1、oval2、oval3。选中 oval1，点击“AVE Interactivity”，选择“脚本”，名称填写 script1，点击右边加号添加动作。点击“窗口（使用窗口选择器）”，点击“单击并选择窗口”后选择 button11，将要执行“变更可见性”，可见性选择“隐藏”；点击“窗口（使用

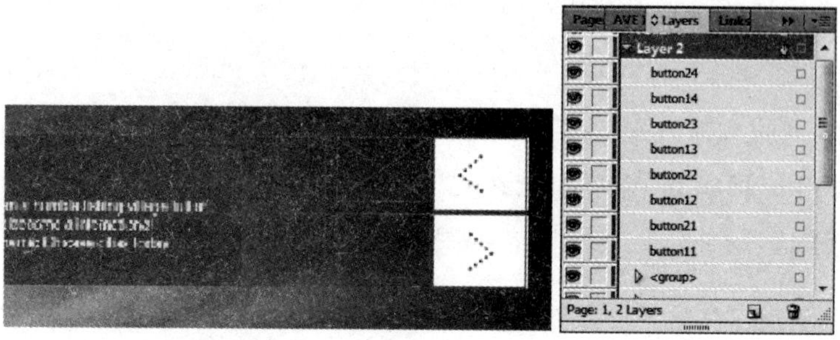

图 4-35 画空白按键并命名

窗口选择器)”，点击“单击并选择窗口”后选择 button12，将要执行“变更可见性”，可见性选择“隐藏”；点击“窗口（使用窗口选择器)”，点击“单击并选择窗口”后选择 button13，将要执行“变更可见性”，可见性选择“隐藏”；点击“窗口（使用窗口选择器)”，点击“单击并选择窗口”后选择 button14，将要执行“变更可见性”，可见性选择“隐藏”，如图 4-36 和图 4-37 所示。

图 4-36 设置隐藏第一行按键 script1

（5）选中 oval2，点击“AVE Interactivity”，选择“脚本”，名称填写 script2，点击右边加号添加动作。点击“窗口（使用窗口选择器)”，点击“单击并选择窗口”后选择 button21，将要执行“变更可见性”，可见性选择“隐藏”；点击“窗口（使用窗口选择器)”，点击“单击并选择窗口”后选择 button22，将要执行“变更可见性”，可见性选择“隐藏”；点击“窗口（使用窗口选择器)”，点击“单击并选择窗口”后选择 button23，将

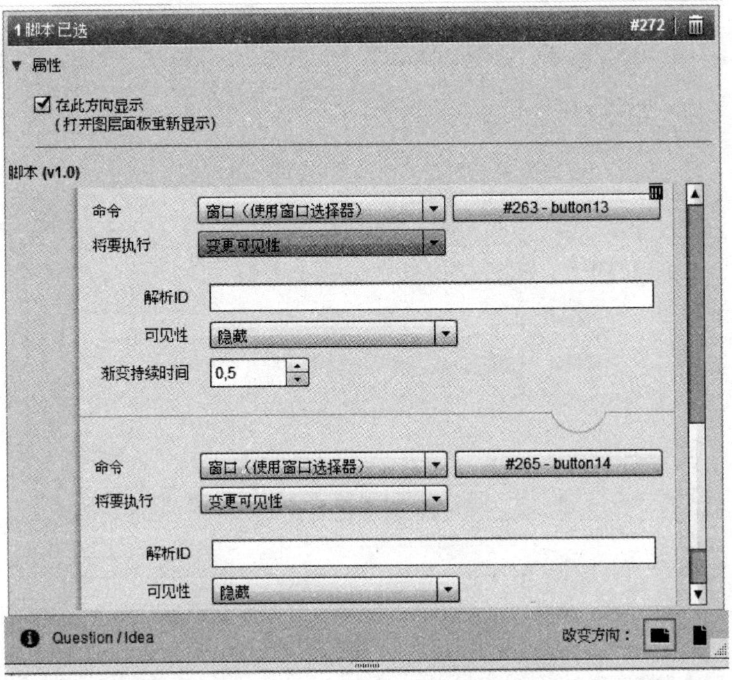

图 4-37　设置隐藏第一行按键 script1

要执行“变更可见性”，可见性选择“隐藏”；点击“窗口（使用窗口选择器）”，点击“单击并选择窗口”后选择 button24，将要执行“变更可见性”，可见性选择“隐藏”，如图 4-38 和图 4-39 所示。

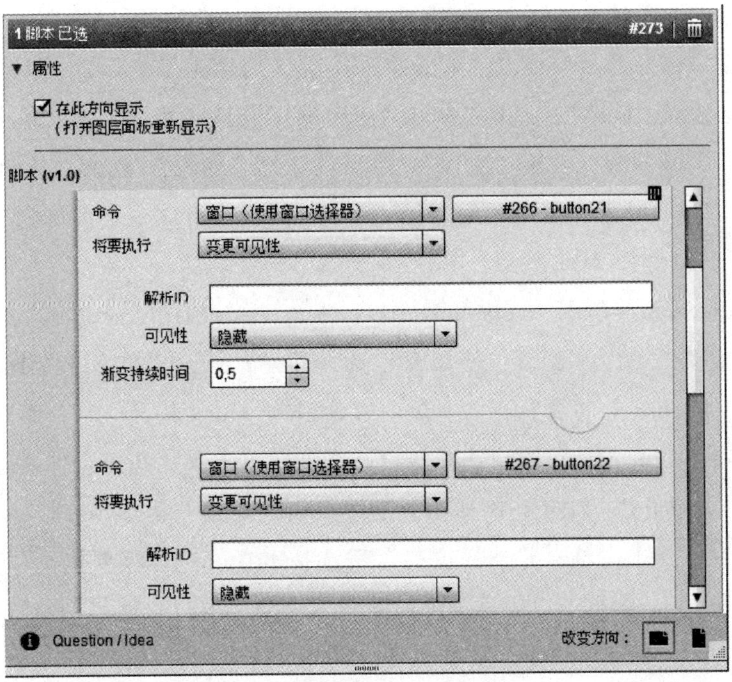

图 4-38　设置隐藏第二行按键 script2

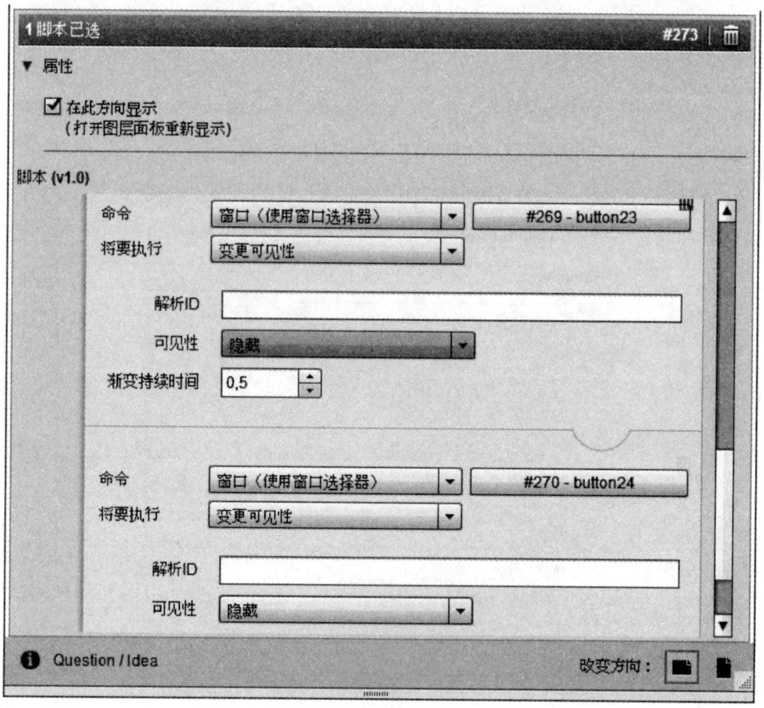

图 4-39 设置隐藏第二行按键 script2

(6) 建立隐藏所有颜色矩形脚本。选中 oval3，点击“AVE Interactivity”，选择“脚本”，名称填写 script3，点击右边加号添加动作。点击“窗口 (使用窗口选择器)”，点击“单击并选择窗口”后选择矩形 1，将要执行“变更可见性”，可见性选择“隐藏”；点击“窗口 (使用窗口选择器)”，点击“单击并选择窗口”后选择矩形 2，将要执行“变更可见性”，可见性选择“隐藏”；点击“窗口 (使用窗口选择器)”，点击“单击并选择窗口”后选择矩形 3，将要执行“变更可见性”，可见性选择“隐藏”；点击“窗口 (使用窗口选择器)”，点击“单击并选择窗口”后选择矩形 4，将要执行“变更可见性”，可见性选择“隐藏”，如图 4-40 和图 4-41 所示。

(7) 给 button 添加动作。选中 button11，点击“AVE Interactivity”，选择“按键”，点击创建添加动作。命令“窗口 (使用窗口选择器)”，点击“单击并选择窗口”后选第 (1) 步建立的 slidshow，将要执行“变更内容索引”，index 选择“1”；继续点击“创建”添加动作，命令“窗口 (使用窗口选择器)”，点击“单击并选择窗口”后选中 oval1，将要执行“附 ID 的动作”，如图 4-42 所示。继续点击“创建”添加动作，命令“窗口 (使用窗口选择器)”，点击“单击并选择窗口”后选择 button12，将要执行“变更可见性”，可见性选“可见”。继续点击“创建”添加动作，命令“窗口 (使用窗口选择器)”，点击“单击并选择窗口”后选中 oval3，将要执行“附 ID 的动作”，如图 4-43 所示。继续点击“创建”添加动作，命令“窗口 (使用窗口选择器)”，点击“单击并选择窗口”后选择矩形 1，将要执行“变更可见性”，可见性选“可见”，如图 4-44 所示。

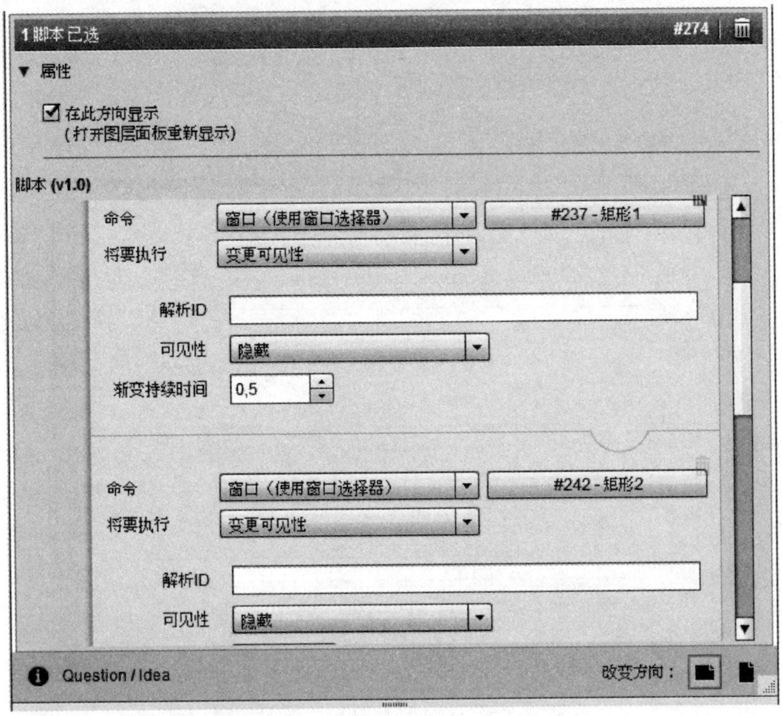

图 4-40　设置隐藏所有颜色条 script3

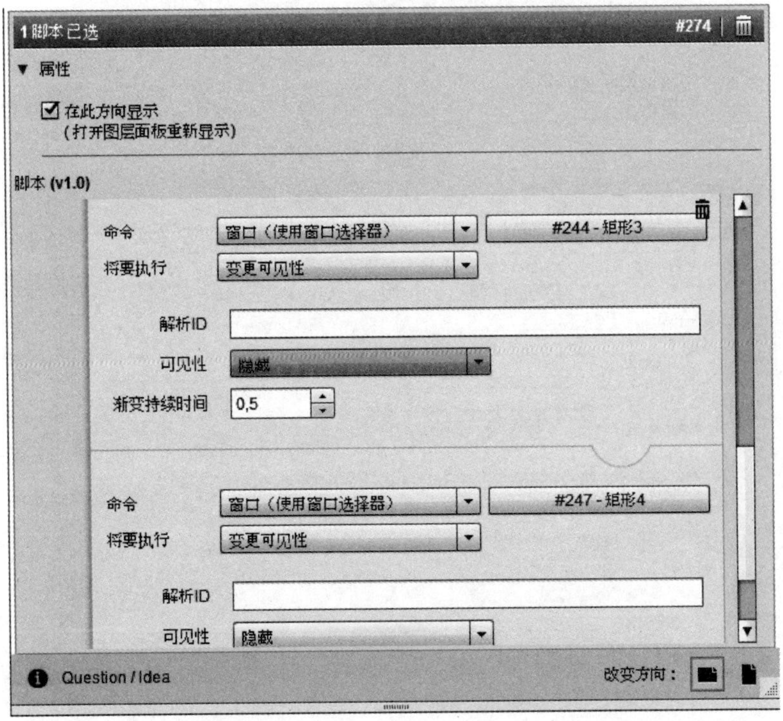

图 4-41　设置隐藏所有颜色条 script3

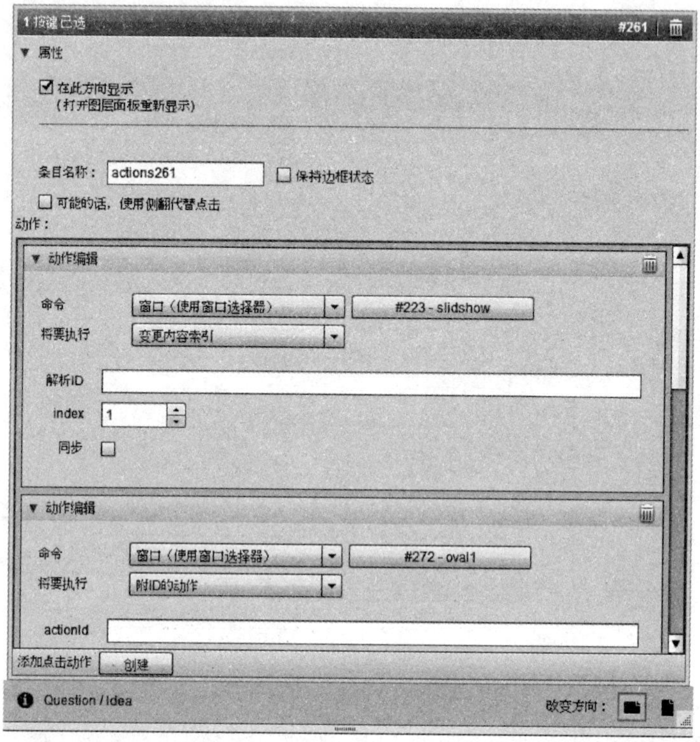

图 4-42　添加 button11 动作

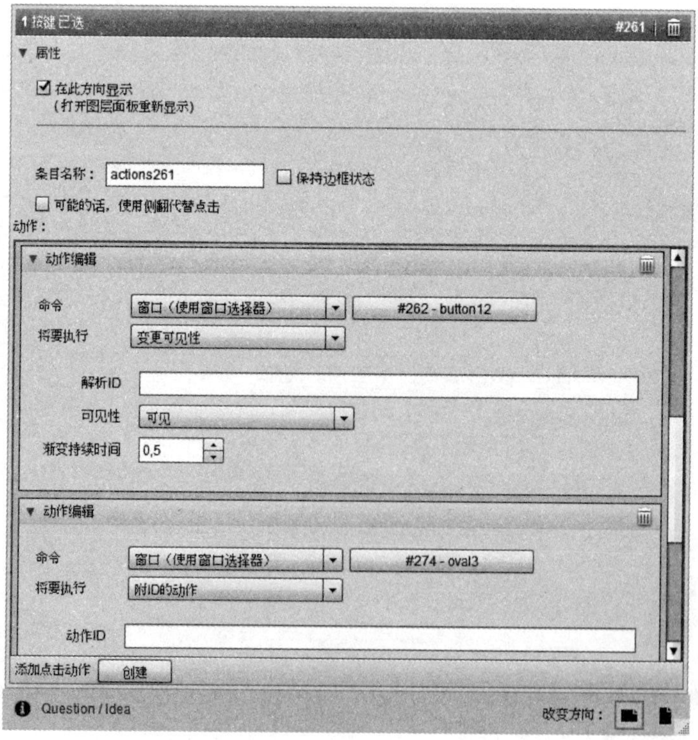

图 4-43　添加 button11 动作

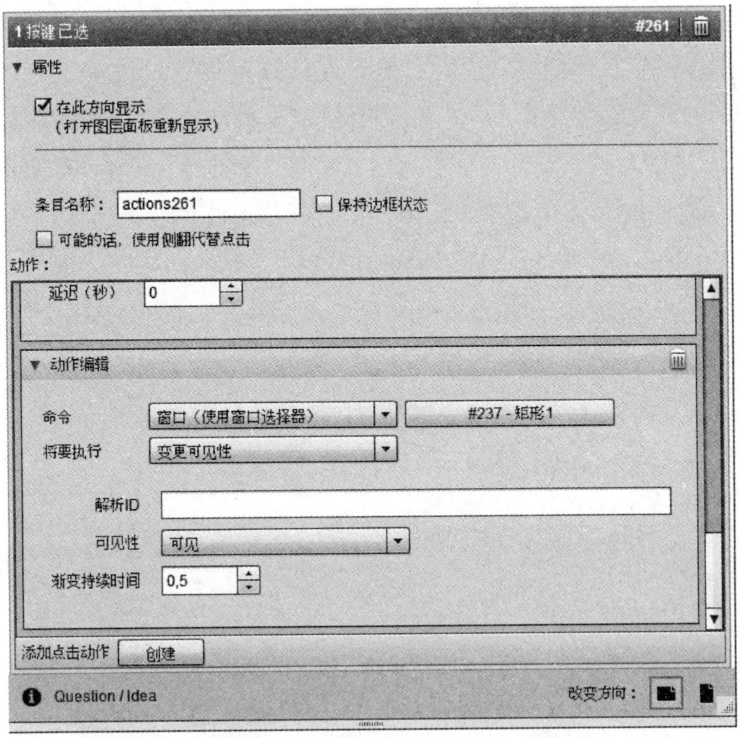

图 4-44　添加 button11 动作

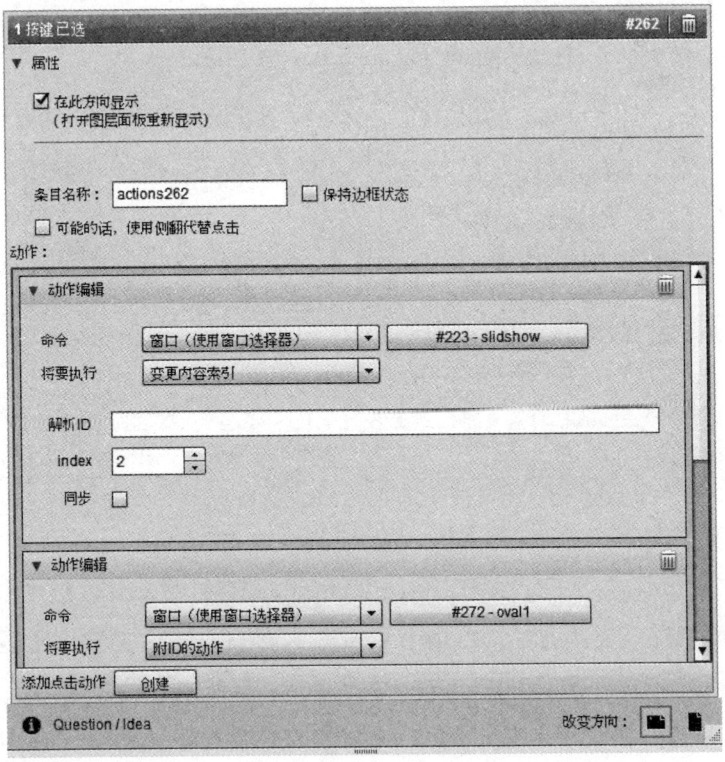

图 4-45　添加 button12 动作

（8）选中button12，点击“AVE Interactivity”，选择“按键”，点击创建添加动作。命令“窗口（使用窗口选择器）”，点击“单击并选择窗口”后选第（1）步建立的slidshow，将要执行“变更内容索引”，index选择“2”；继续点击“创建”添加动作，命令“窗口（使用窗口选择器）”，点击“单击并选择窗口”后选中oval1，将要执行“附ID的动作”；继续点击“创建”添加动作，命令“窗口（使用窗口选择器）”，点击“单击并选择窗口”后选择button13，将要执行“变更可见性”，可见性选“可见”。继续点击“创建”添加动作，命令“窗口（使用窗口选择器）”，点击“单击并选择窗口”后选中oval3，将要执行“附ID的动作”；继续点击“创建”添加动作，命令“窗口（使用窗口选择器）”，点击“单击并选择窗口”后选择矩形2，将要执行“变更可见性”，可见性选“可见”，如图4-45、图4-46和图4-47所示。

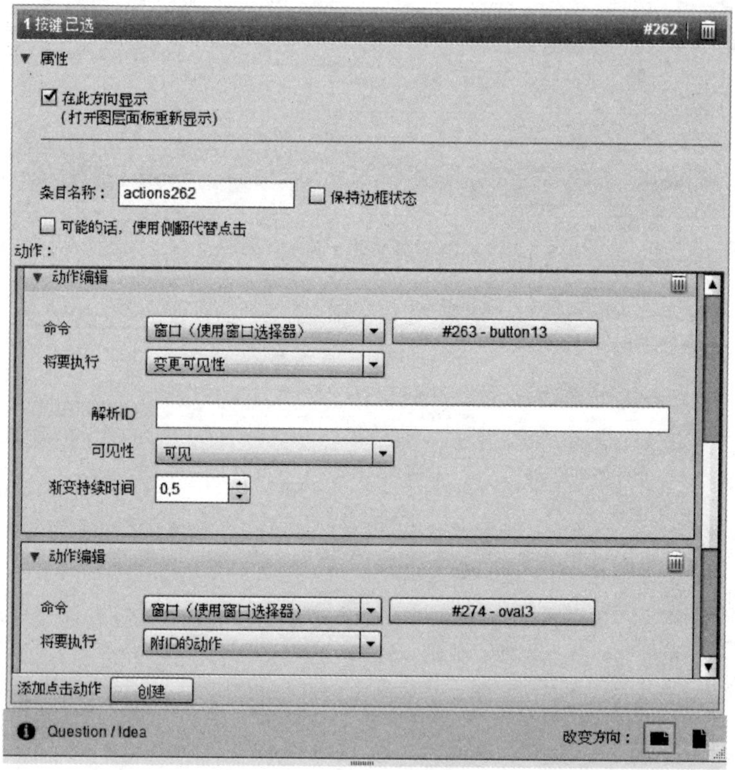

图4-46 添加button12动作

（9）选中button13，点击“AVE Interactivity”，选择“按键”，点击创建添加动作。命令“窗口（使用窗口选择器）”，点击“单击并选择窗口”后选第（1）步建立的slidshow，将要执行“变更内容索引”，index选择“3”；继续点击“创建”添加动作，命令“窗口（使用窗口选择器）”，点击“单击并选择窗口”后选中oval1，将要执行“附ID的动作”；继续点击“创建”添加动作，命令“窗口（使用窗口选择器）”，点击“单击并选

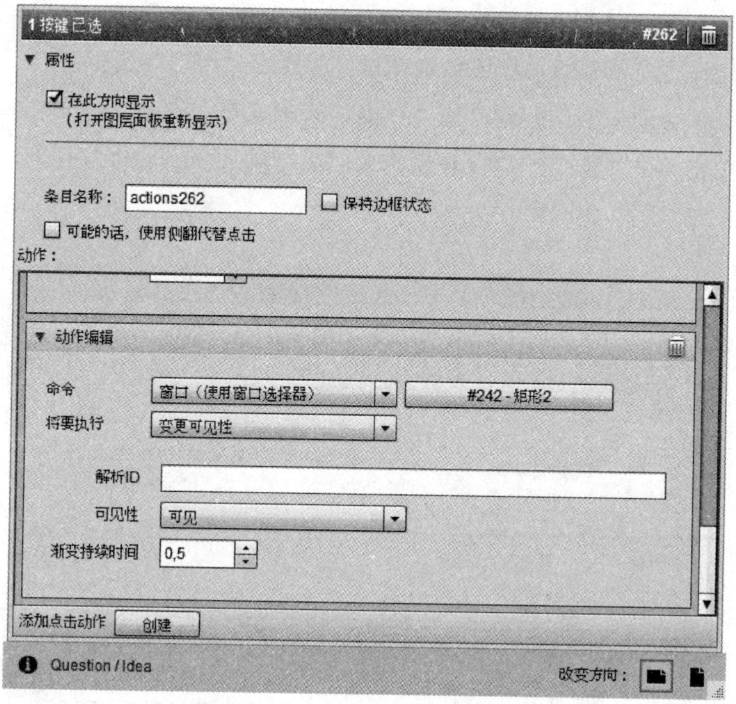

图 4-47　添加 button12 动作

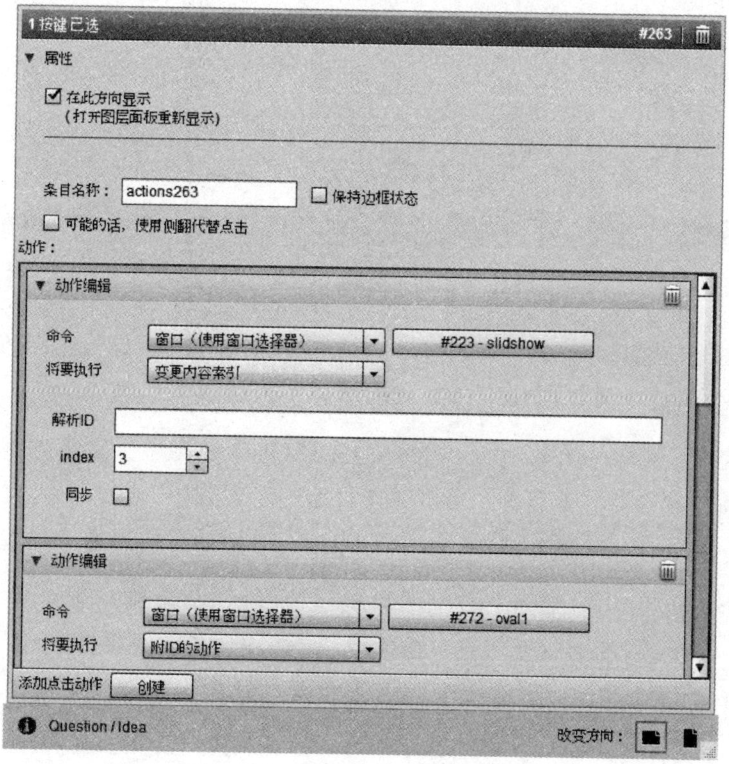

图 4-48　添加 button13 动作

择窗口”后选择 button14，将要执行“变更可见性”，可见性选“可见”。继续点击“创建”添加动作，命令“窗口（使用窗口选择器）”，点击“单击并选择窗口”后选中 oval3，将要执行“附 ID 的动作”；继续点击“创建”添加动作，命令“窗口（使用窗口选择器）”，点击“单击并选择窗口”后选择矩形 3，将要执行“变更可见性”，可见性选“可见”，如图 4-48、图 4-49 和图 4-50 所示。

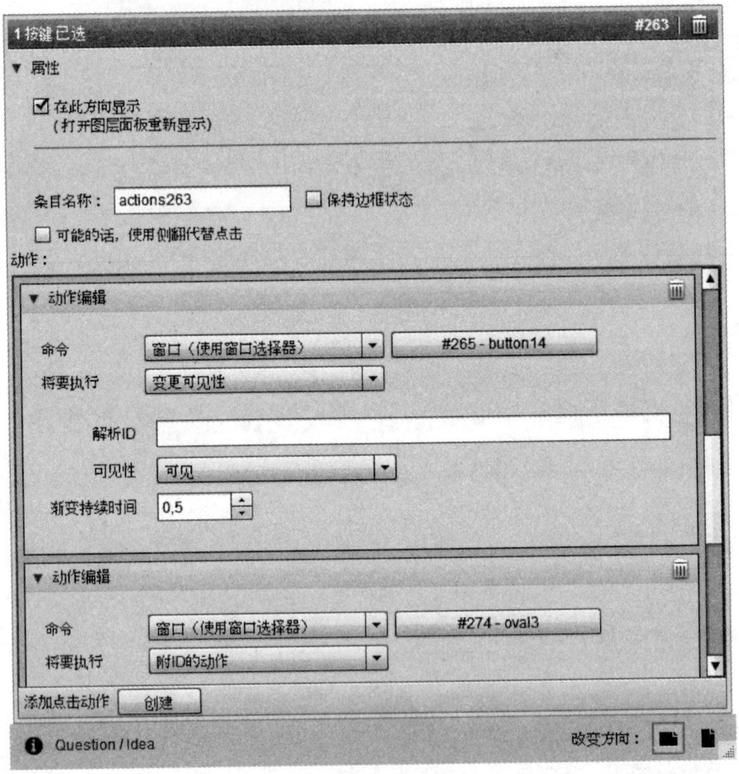

图 4-49 添加 button13 动作

（10）选中 button14，点击“AVE Interactivity”，选择“按键”，点击创建添加动作。命令“窗口（使用窗口选择器）”，点击“单击并选择窗口”后选第（1）步建立的 slidshow，将要执行“变更内容索引”，index 选择“4”；继续点击“创建”添加动作，命令“窗口（使用窗口选择器）”，点击“单击并选择窗口”后选中 oval1，将要执行“附 ID 的动作”；继续点击“创建”添加动作，命令“窗口（使用窗口选择器）”，点击“单击并选择窗口”后选择 button11，将要执行“变更可见性”，可见性选“可见”。继续点击“创建”添加动作，命令“窗口（使用窗口选择器）”，点击“单击并选择窗口”后选中 oval3，将要执行“附 ID 的动作”；继续点击“创建”添加动作，命令“窗口（使用窗口选择器）”，点击“单击并选择窗口”后选择矩形 4，将要执行“变更可见性”，可见性选“可见”，如图 4-51、图 4-52 和图 4-53 所示。

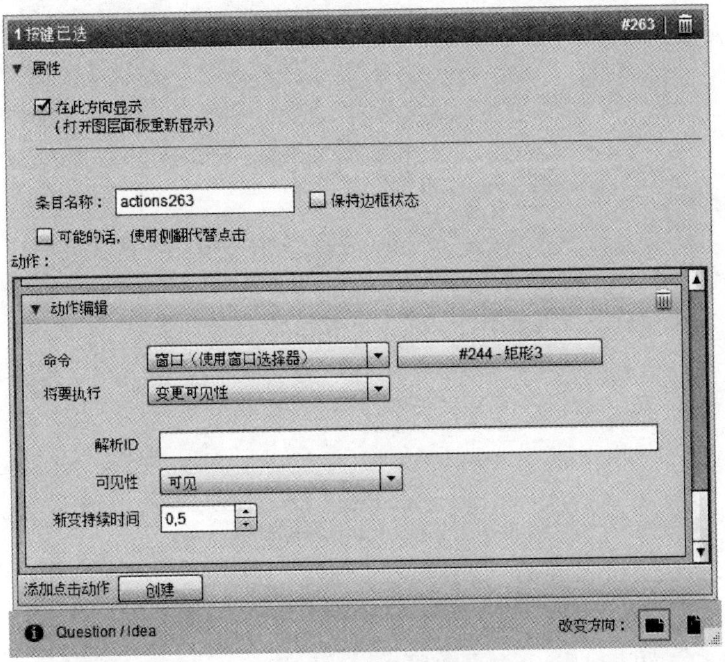

图 4-50　添加 button13 动作

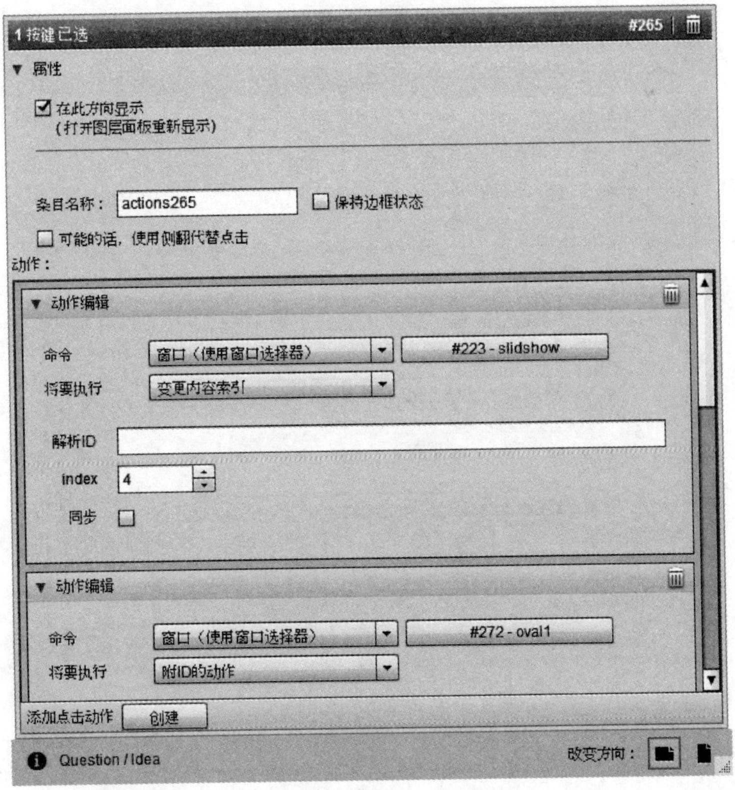

图 4-51　添加 button14 动作

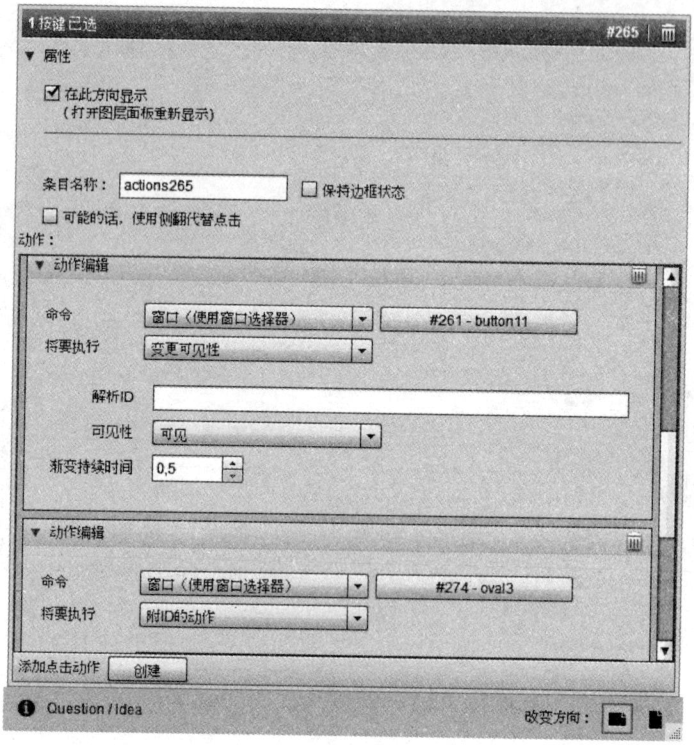

图 4-52　添加 button14 动作

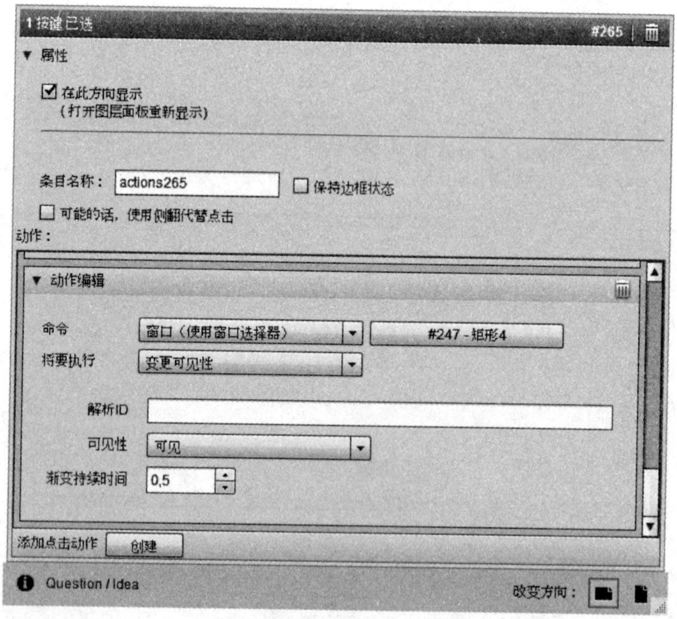

图 4-53　添加 button14 动作

（11）按照以上思路，分别给 button21、button22、button23、button24 添加切换幻灯片和切换颜色块的动作。需要注意的是，此时的添加幻灯片索引是倒序，按照 4、3、2、1 的索引顺序，如图 4-54，图 4-55 和图 4-56 所示。

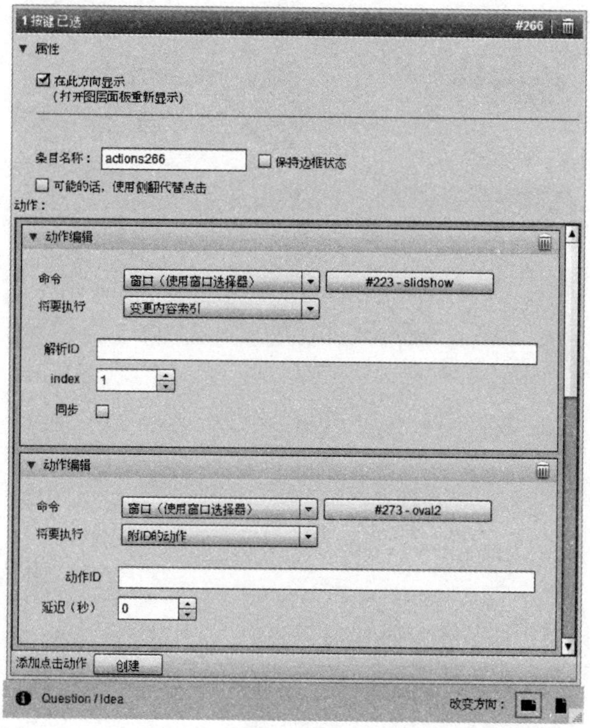

图 4-54 添加 button21 动作

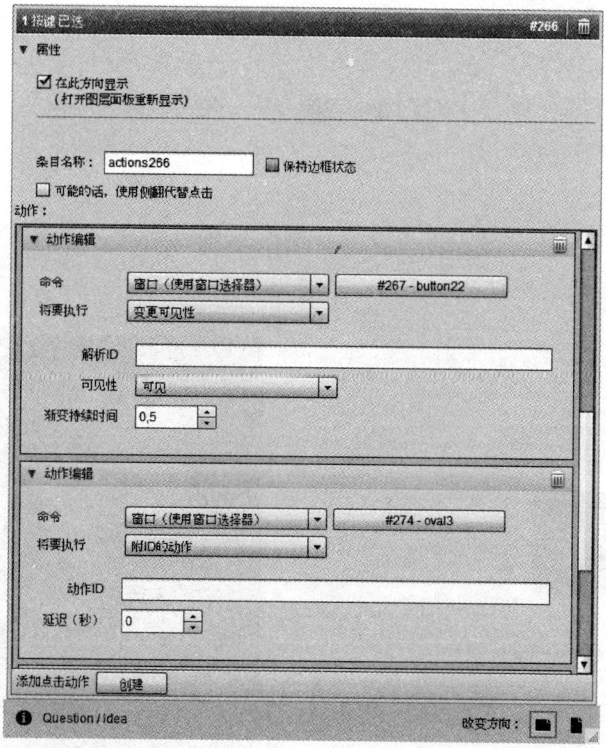

图 4-55 添加 button21 动作

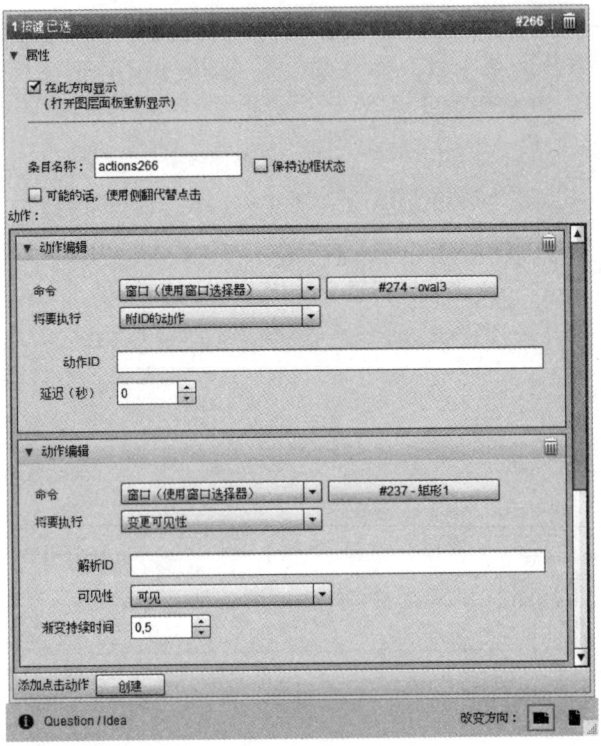

图 4-56　添加 button21 动作

4.4　童　　年

效果如图 4-57 所示，当点击滑动左边文字时，右边图片会随着文字滚动而切换到另一张图，切换至第二张图片时开始《童年》音乐播放。

童年

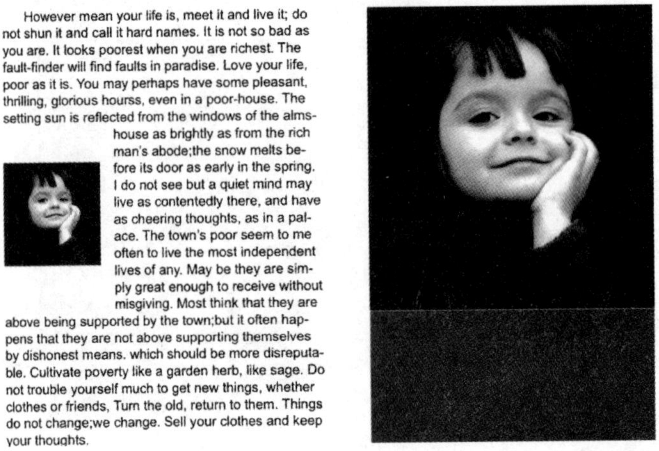

图 4-57　效果图

思路分析：左边文字滚动可以分析出文字是子界面，当文字滚动时右边图片联动切换，可以分析是通过锚点联动激发右边图片切换。

步骤：

（1）新建 3 个图层。在图层 1 中用矩形框架工具画 380px×586px 空白框架，选中该空白框架，点击图层 2，右键选“原位粘贴”，将空白框架复制在相同的位置。选中两个图层中的两个空白框架，分别置入一张宝宝图片。在两张图片下画矩形框，分别填充颜色（R0，G86，B44）和（R254，G198，B17），将图片和颜色块编组。将图层 1 和图层 2 的名字改为 P1 和 P2，如图 4-58所示。

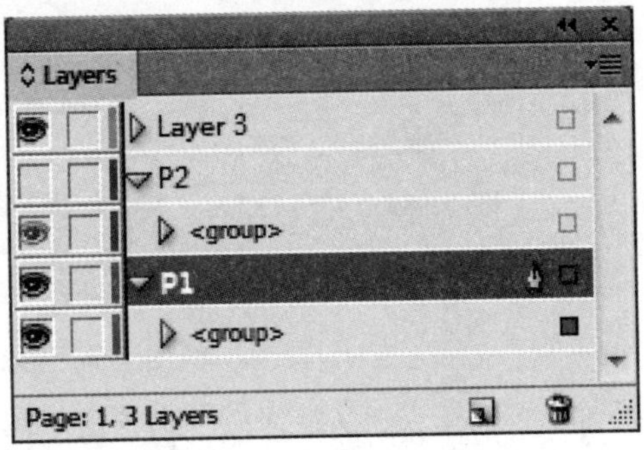

图 4-58 图层命名

（2）建立子界面。在图层 3 上页面左边用矩形框架工具画 436px×586px 大小空白框架。选中“框架”，点击“AVE Interactivity”，选择“子界面”，如图 4-59 所示。

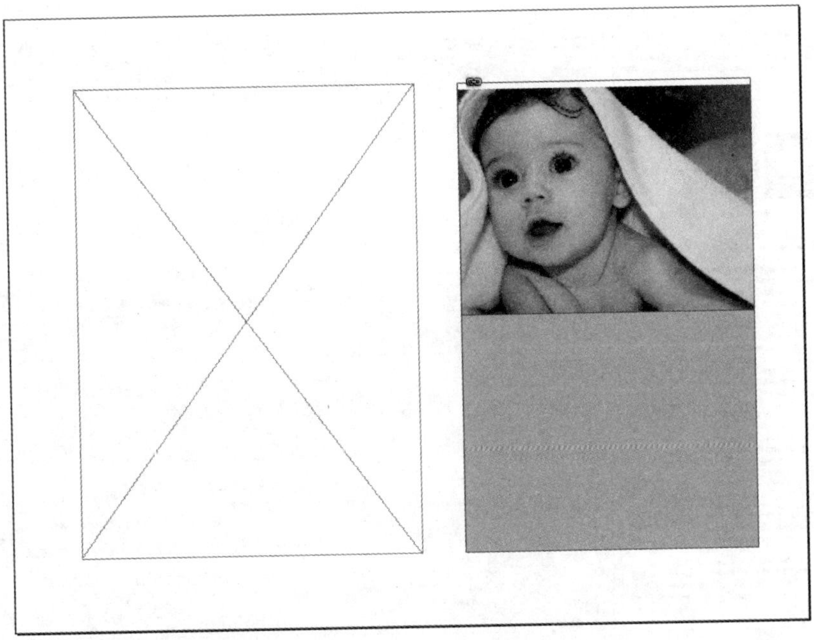

图 4-59 添加子界面

然后点击子界面里的“创建”生成一个与框架等大的子界面，保存命名为“sublayout”，在文件-文档设置中将 sublayout 的页面大小修改为 435px×1172px，如图 4-60 所示。

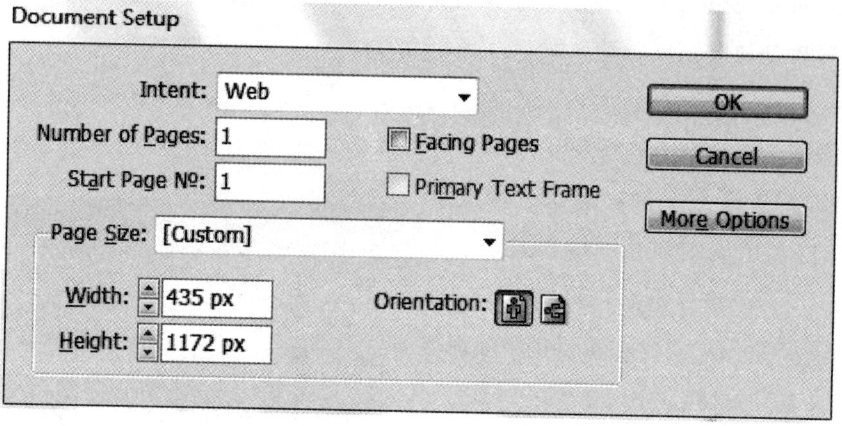

图 4-60　修改子界面页面长度

进入 sublayout 进行编辑。首先置入两张宝宝图，分别放在页面的左上和右下。图片大小设置为 132px×198px。用文字框架工具，画文本框，大小为 435px×1172px，置入文字，字体 Arial，大小 18pt，行间距 22pt。同时选中图片和文字，设置文字饶排为“沿定界框饶排”。用矩形框架工具画空白矩形 3，选中矩形 3，点击 AVE Interactivity，选择音频，单击“文件”选择音频文件“童年 . mp3”，如图 4-61 所示。

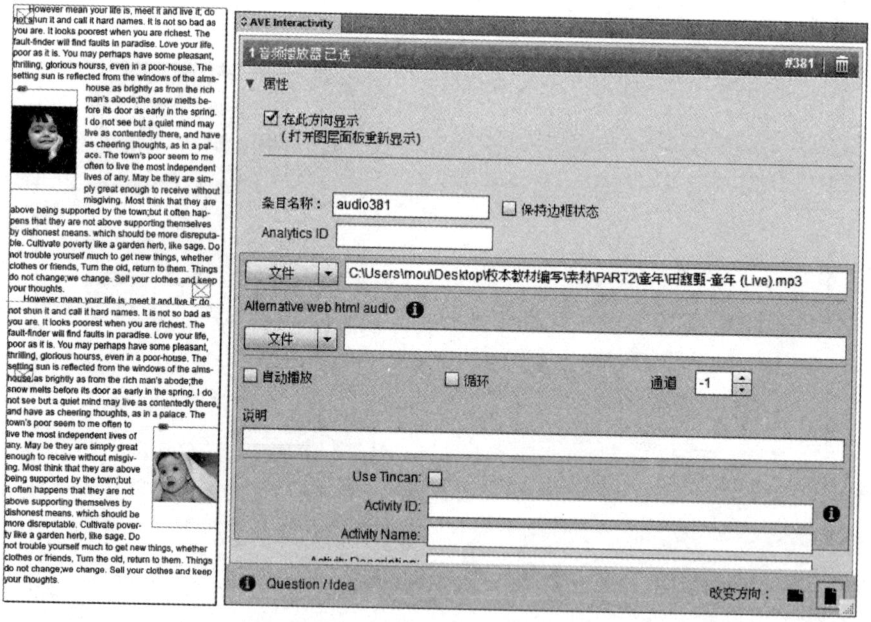

图 4-61　子界面中置入文字和图片

（3）添加子界面锚点。纵向拖一条参考线至 586px，将子界面分为上下两部分。使用矩形框架工具画空白矩形 1。选中矩形 1，点击“AVE Interactivity”，选择“Anchor”，名称设定为 anchor1，点击激活下的加号添加动作，命令图层 P2，将要执行

“变更可见性”，可见性选“可见”；继续点击加号添加动作，命令图层 P1，将要执行“变更可见性”，可见性选“隐藏”，如图 4-62 所示。将 anchor1 放置在页面分界线的上方。

图 4-62　子界面中添加锚点 1

(4) 继续使用矩形框架工具画空白矩形 2，选中矩形 2，点击“AVE Interactivity”，选择“Anchor”，名称设定为 anchor2，点击激活下的加号添加动作，命令图层 P1，将要执行“变更可见性”，可见性选“可见”；继续点击加号添加动作，命令图层 P2，将要执行“变更可见性”，可见性选“隐藏”；继续点击加号添加动作，命令“窗口（使用窗口选择器）”，点击“单击并选择窗口”后选择步骤 2 中添加了音频的矩形 3，将要执行“播放”，如图 4-63 所示。将 anchor2 放在页面分界线的下方。

(5) 完成以上步骤，测试，导出。

注意：锚点 1 的作用是隐藏图层 1，显示图层 2；锚点 2 的作用是显示图层 1，隐藏图层 2。所以两个锚点的摆放位置需要分布在页面中间分界线的两边，以取得当左边子页面滑动时右边图片切换的效果。

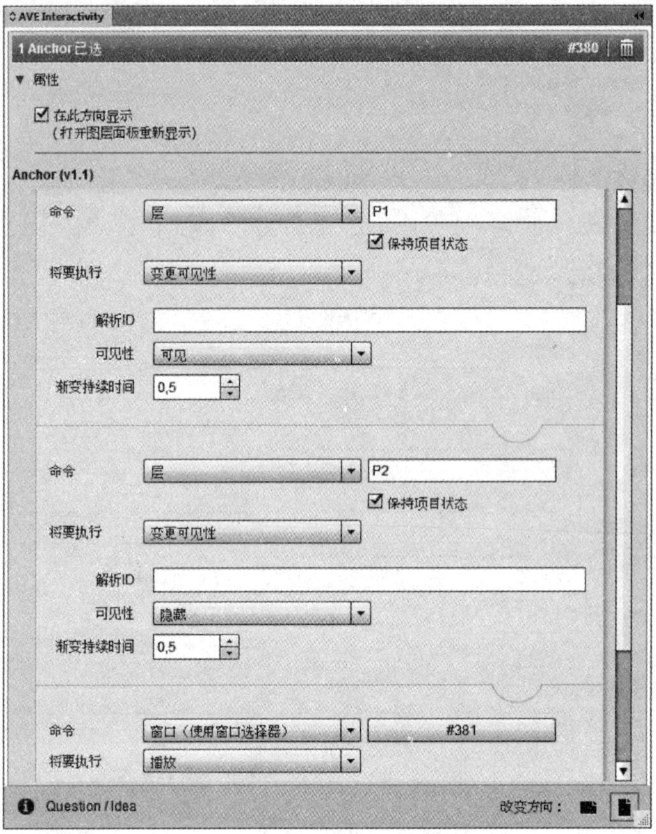

图 4-63 子界面中添加锚点 2

4.5 换眼镜案例

换眼镜

效果如图 4-64 所示，当点击向左或向右滑动眼镜时，实现眼镜更换。

图 4-64 换眼镜效果图

思路分析：眼镜可以左右滑动切换可以联想到使用子界面水平滚动实现，需要注意的是子界面尺寸要符合长颈鹿眼睛大小。

步骤：

(1) 新建页面，“快捷键 Ctrl＋D” 置入背景图和眼镜图，调整眼镜图至合适大小，如 394px×140px，如图 4-65 所示。删掉眼镜图，记住框架高度，接下来建子界面需要这个数值。

图 4-65 置入背景图和眼镜

(2) 用矩形框架工具画空白框，大小 818px×140px（注意：818px 不是固定值，只要比眼镜宽并能容纳手型指示即可，140px 是步骤 1 眼镜图片试出的尺寸）。点击 “AVE Interactivity”，选择 “子界面”，点击 “创建”，新建名为 “sublayout” 的子界面，进入子界面进行编辑，如图 4-66 所示。

(3) 点击 Indesign 菜单栏的 “窗口” - “页面”，调出 “页面” 管理器，点击创建新页面，添加页面至 9 页。双击第 1 页，进入编辑。“快捷键 Ctrl＋D” 置入眼镜图 1，调整至页面中心位置。选中眼镜图 1，Ctrl＋C 复制，双击第 2 页，右键选 “原位粘贴”。依次双击 3-9 页，右键选 “原位粘贴”。双击第 2 页，鼠标放在图中间，变成手型，点击选中，“快捷键 Ctrl＋D” 置入第二张眼镜图。同样的办法，将不同的眼镜图依次置入 3-9 页，Ctrl＋S 保存，如图 4-67 所示。

(4) 双击第 1 页，置入手型图。“快捷键 Ctrl＋C” 复制手型图，双击第 2 页，右键选 “原位粘贴”。按住 “Alt”，复制该图，选中图片，点击 “镜像”，将两张图分列在眼镜两侧，同样的方法给页面 3-9 添加手型指示图。注意第 1 页只有向右的手型，第 9 页只有向左的手型。用矩形工具在眼镜右侧画正圆，填充颜色（R100，G100，B100），文字工具

图 4-66　新建子界面

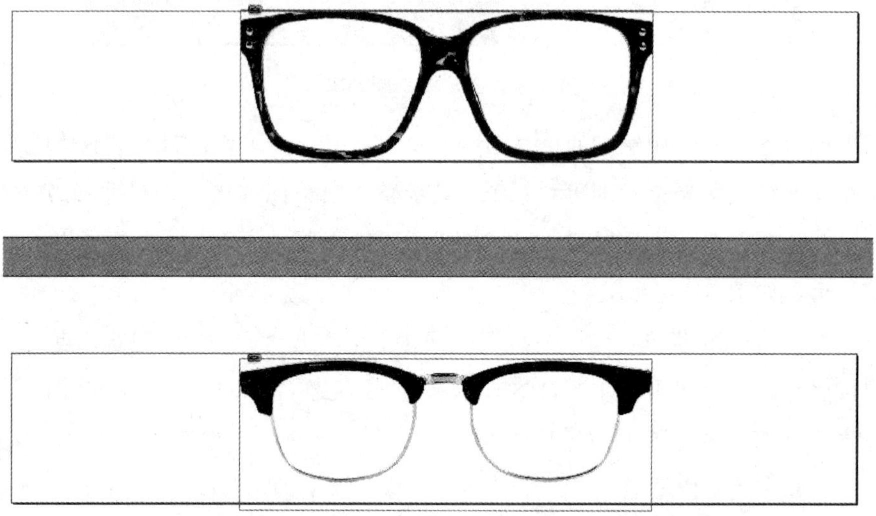

图 4-67　子界面的不同页面原位粘贴眼镜

输入“285€”，颜色设置为纸白，字号 11 点，如图 4-68 所示。

(5) 回到背景图页，选中子界面框架，点击 AVE Interactivity。滚动方向设置为“水平(从左向右)”，调整适应“填充(用滚动)”，导航模式“滑动”。边界模糊尺寸“5”。如图 4-69 所示。

图 4-68　制作小图标

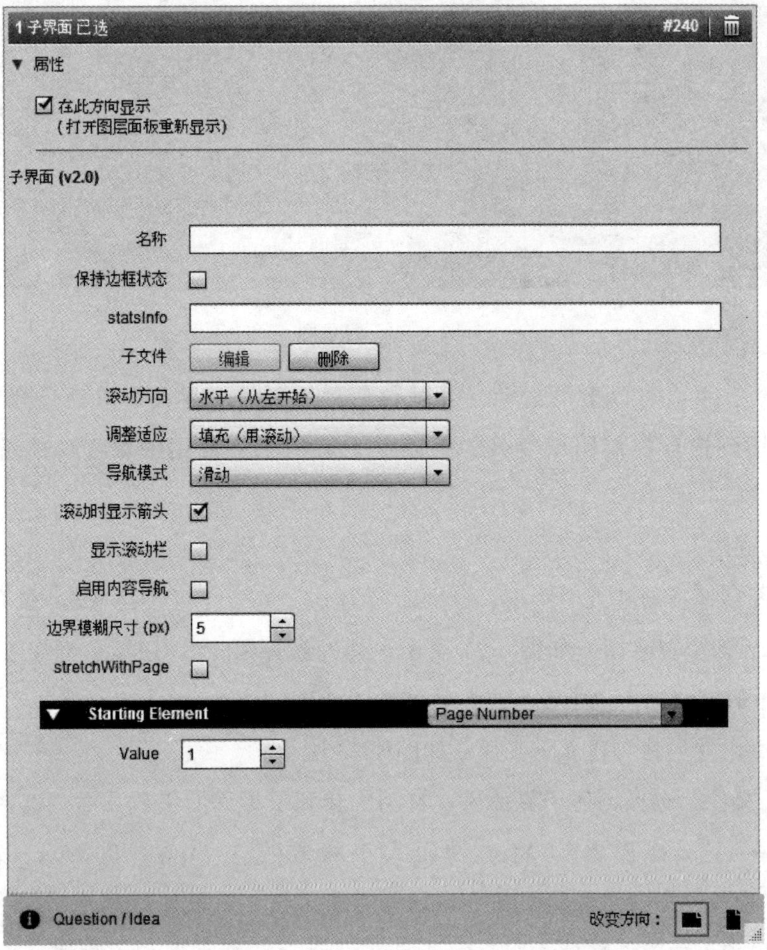

图 4-69　滚动方向改为水平（从左开始）

（6）完成以上步骤，测试，导出。

4.6　安吉丽娜·朱莉人物介绍案例

安吉丽娜朱莉

效果如图 4-70 所示，当上下滑动页面时，展示更多文字内容，且背景图发生切换。

图 4-70 效果图

思路分析：页面可以上下滑动，可以判断运用到了子界面，滑动过程背景图变换，可以判断使用到锚点控制图层变换。所以这个案例主要使用的交互功能就是子界面和锚点。

步骤：

（1）在图层面板新建五个图层，分别命名为 P1、P2、P3、P4、P5，在 P1、P2、P3、P4 中分别置入四个背景图，如图 4-71 所示。切换到图层 P5，用矩形框架工具画 1024px×768px 大小的空白框。选中该空白框，点击“AVE Interactivity”，选择“子界面”，在子文件选项点击“创建”建立子界面，如图 4-72 所示。

（2）“子文件”选择创建子界面后，自动跳转到子界面的编辑页面。选择 Indesign 菜单栏“文件”-“文档设置”，将子界面大小修改为 1024px×3072px（768px×4＝3072px），纵向拉三条参考线将页面平均划分为四部分。如图 4-73 所示。

（3）编辑子界面第一部分。用直线工具在页面上部画水平和垂直线。粗细设为 1pt，颜色黑色，在垂直线左右写文字 Aquafadas 和 AngelinaJolie，字体 Minion Pro，字号 18pt，用矩形工具画 1024px×193px 大小矩形，填充颜色（R242，G102，B82），透明度 50%，描边颜色为空白，用文字工具在矩形上写相应的文字，效果如图 4-74 所示。

编辑子界面的第二部分。复制 2 个第一部分的矩形至页面第二部分，将大小分别调整为 1024px×193px 和 1024px×89px，用直线工具在矩形上画水平和垂直线条，粗细设为 1pt，用文字工具输入文字“ACTRESS”，字体 Minion Pro，字号 24pt，颜色黑色。在大的矩形中置入文字，字体 Minion Pro，字号 18pt，颜色设为白色，效果如图 4-75 所示。

图 4-71　图层命名

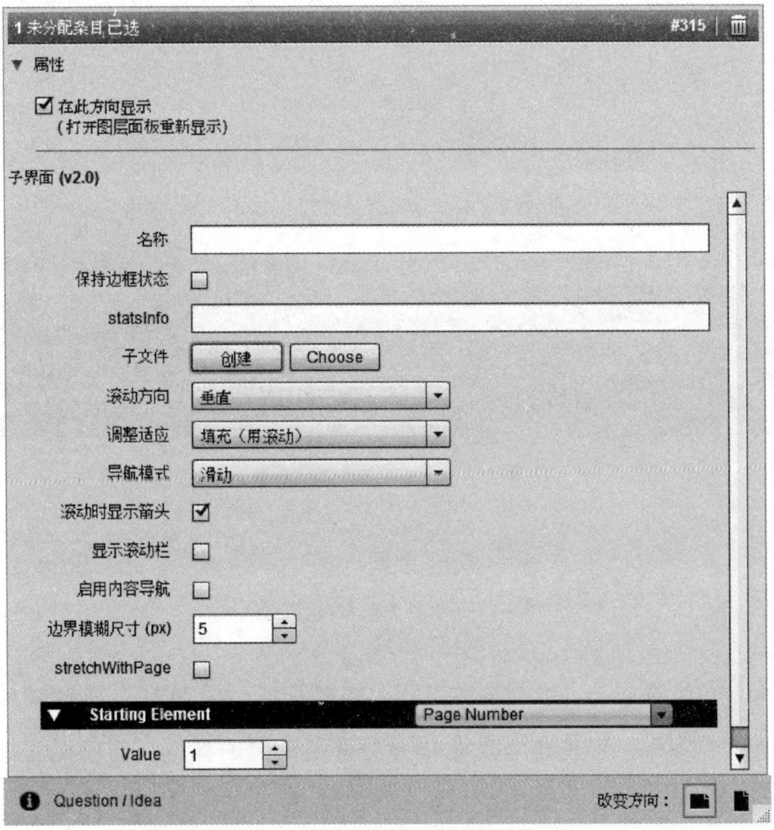

图 4-72　创建子界面

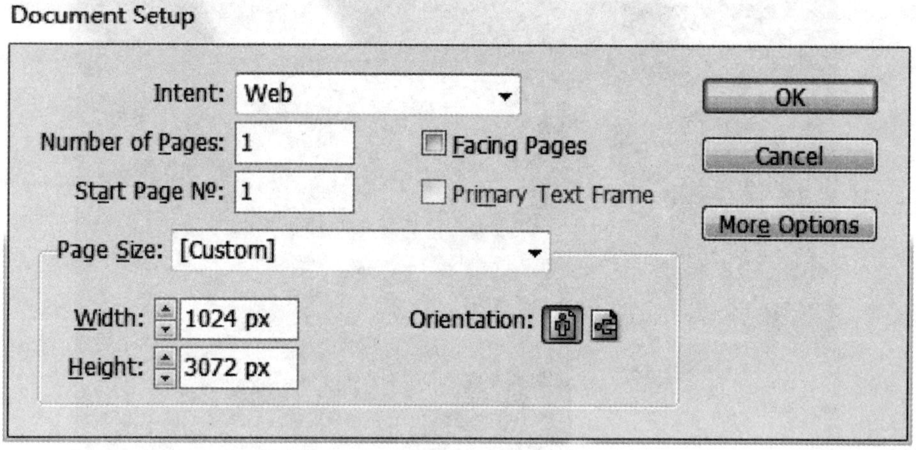

图 4-73 修改子界面高度

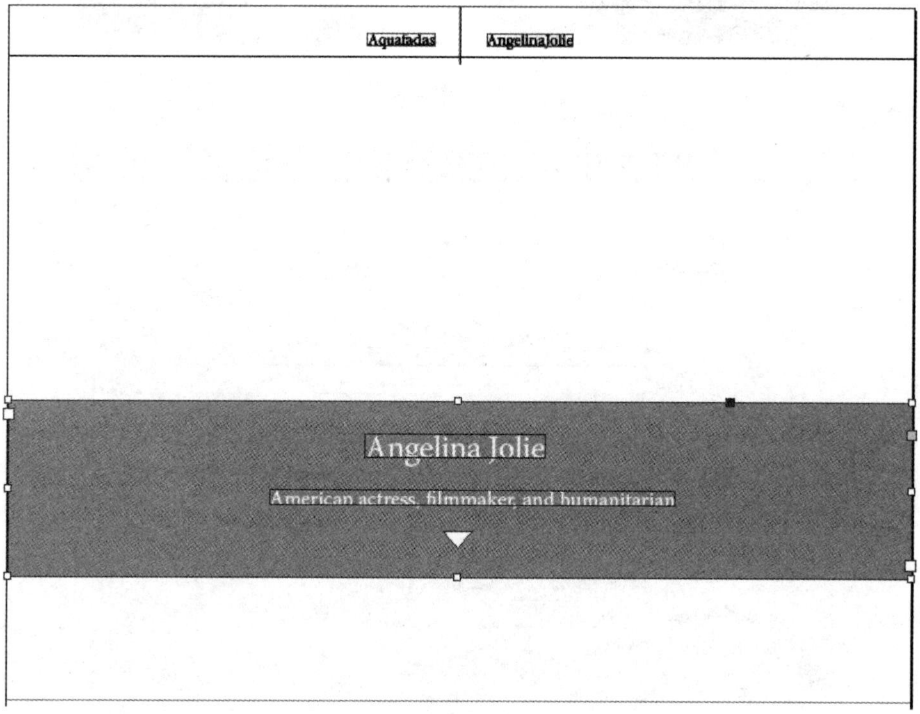

图 4-74 子界面添加文字及色块

同样的方法编辑页面的第三和第四部分，效果如图 4-76 和图 4-77 所示。

（4）添加交互动作。首先建立隐藏所有背景图图层的脚本。使用椭圆框架工具画空白椭圆，图层中命名为 oval，选中空白椭圆框架，点击“AVE Interactivity”，选择“脚本”。点击右上角加号添加动作。命令层 P1，将要执行变更可见性，可见性选择“隐藏”。命令层 P2，将要执行变更可见性，可见性选择“隐藏”。命令层 P3，将要执行变更可见

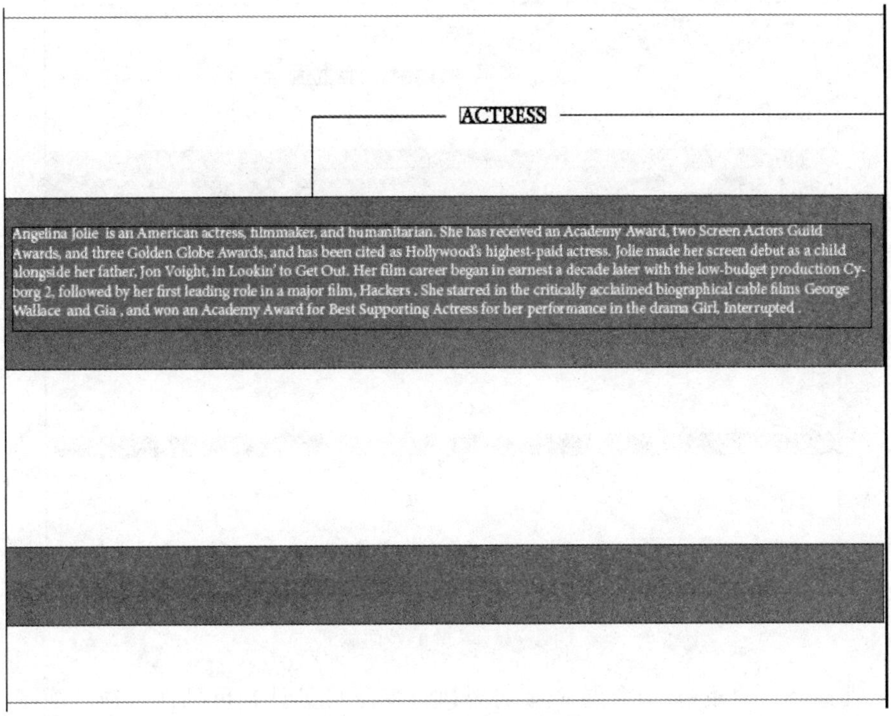

图 4-75 编辑子界面版式

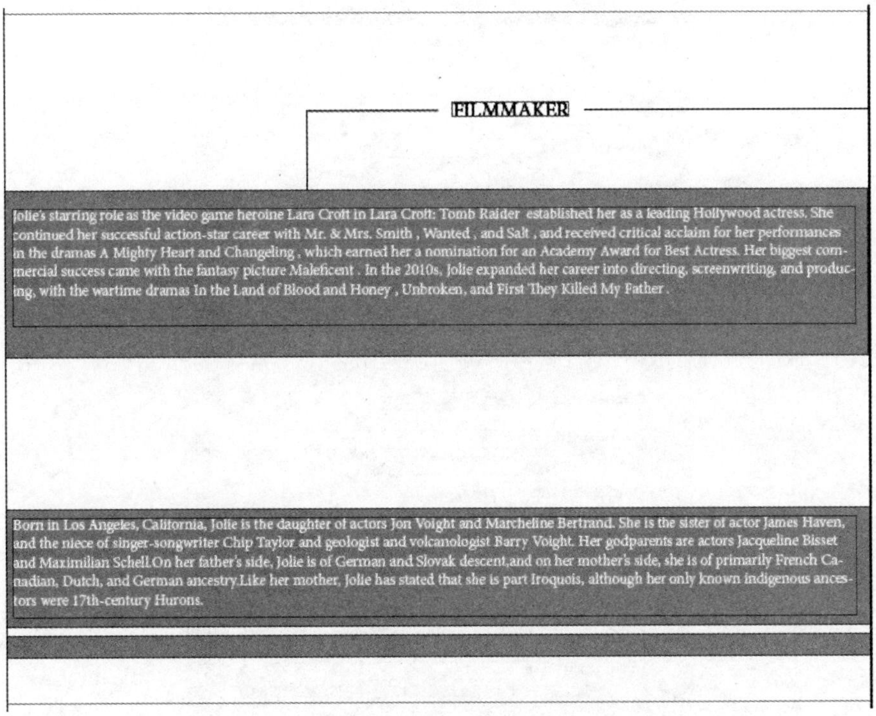

图 4-76 编辑子界面版式

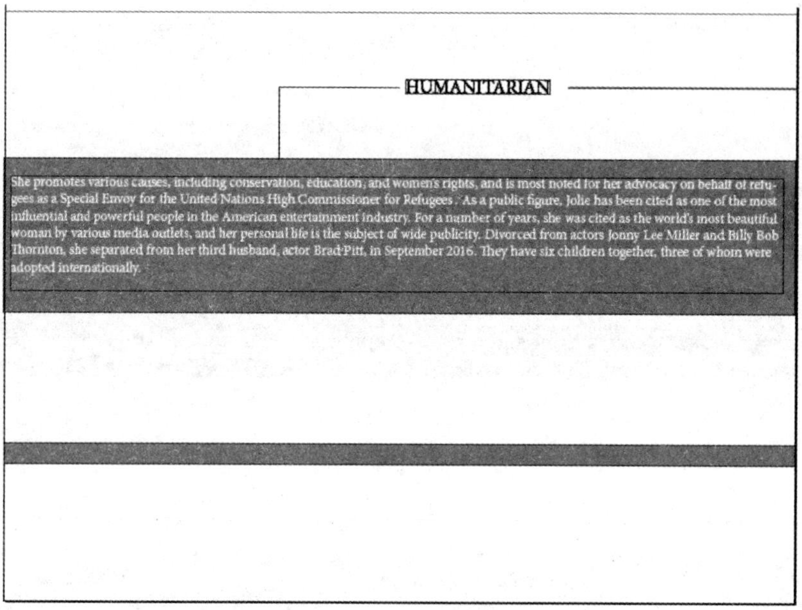

图 4-77　编辑子界面版式

性，可见性选择“隐藏”。命令层 P4，将要执行变更可见性，可见性选择“隐藏”，如图 4-78 所示。

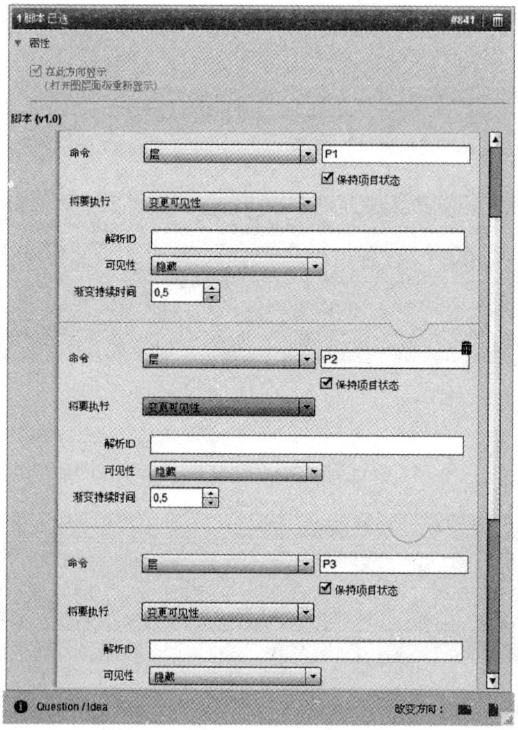

图 4-78　设置隐藏所有图层脚本

（5）添加控制背景图切换动作。使用矩形框架工具画空白矩形，图层中命名为 anchor1，选中 anchor1，点击“AVE Interactivity”，选择“anchor”，点击右边加号添加动作。命令“窗口（使用窗口选择器）”，单击“点击并选择窗口”，选择第 4 步设置的 oval 脚本，将要执行“附 ID 的动作”；点击加号继续添加动作，命令层 P1，变更可见性，可见性选择“可见”，如图 4-79 所示。

使用矩形框架工具画空白矩形，图层中命名为 anchor2，选中 anchor2，点击“AVE Interactivity”，选择“anchor”，点击右边加号添加动作。命令“窗口（使用窗口选择器）”，单击“点击并选择窗口”，选择第 4 步设置的 oval 脚本，将要执行“附 ID 的动作”；点击加号继续添加动作，命令层 P2，变更可见性，可见性选择“可见”，如图 4-80 所示。

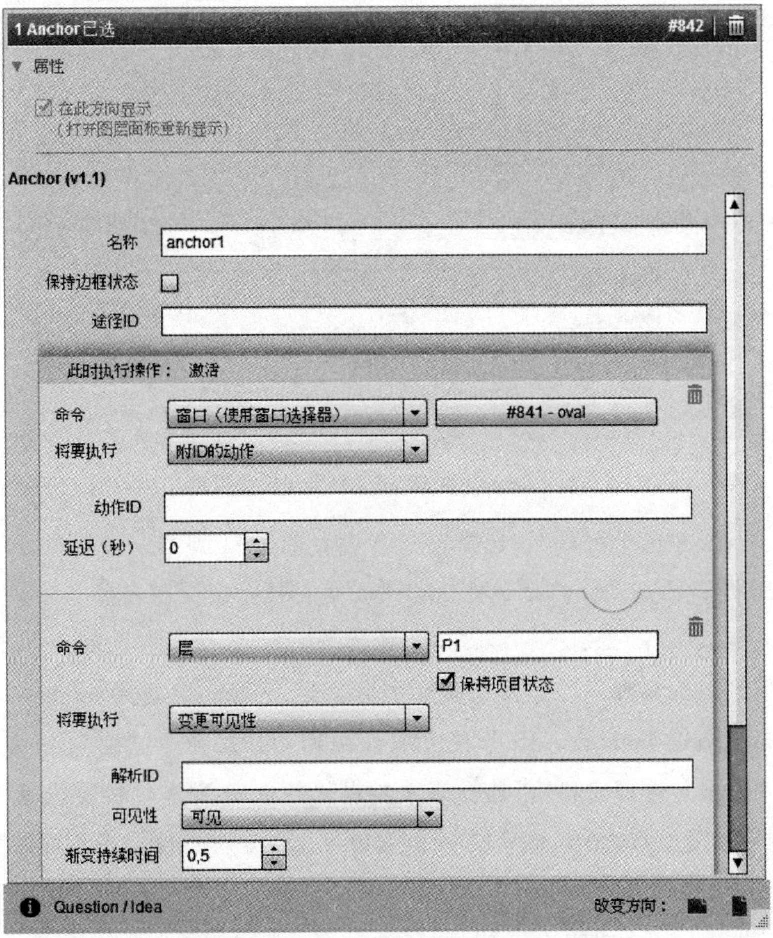

图 4-79　设置 anchor1 触发图层 1 可见

使用矩形框架工具画空白矩形，图层中命名为 anchor3，选中 anchor3，点击“AVE Interactivity”，选择“anchor”，点击右边加号添加动作。命令“窗口（使用窗口选择

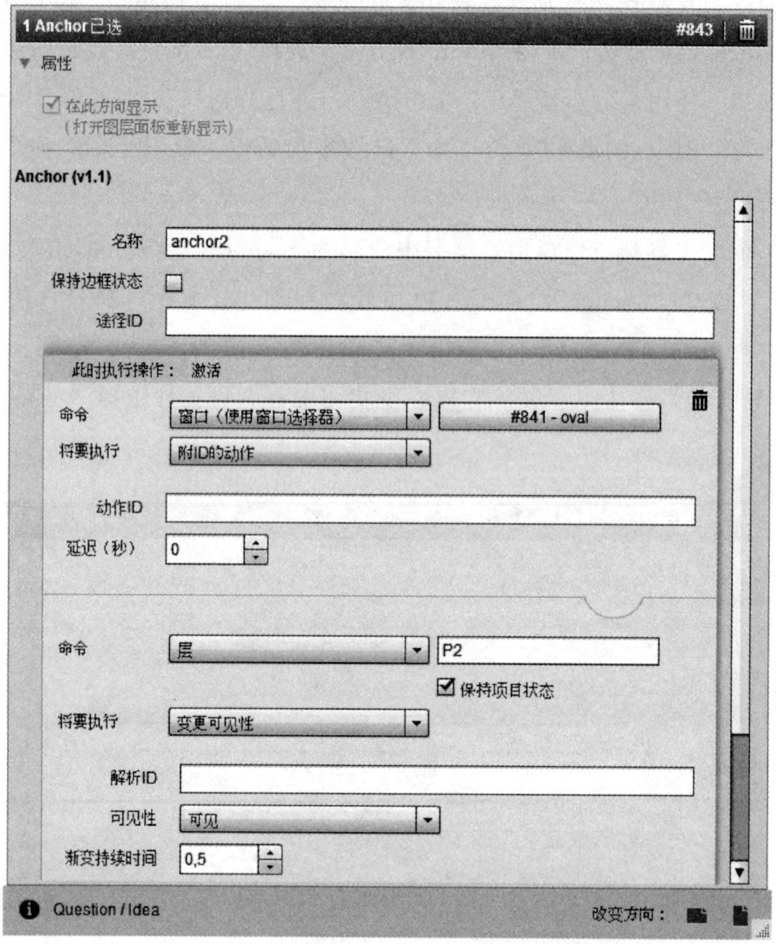

图 4-80 设置 anchor2 触发图层 2 可见

器)"，单击"点击并选择窗口"，选择第 4 步设置的 oval 脚本，将要执行"附 ID 的动作"；点击加号继续添加动作，命令层 P3，变更可见性，可见性选择"可见"。如图 4-81 所示。

使用矩形框架工具画空白矩形，图层中命名为 anchor4，选中 anchor4，点击 AVE Interactivity，选择"anchor"，点击右边加号添加动作。命令"窗口（使用窗口选择器)"，单击"点击并选择窗口"，选择第 4 步设置的 oval 脚本，将要执行"附 ID 的动作"；点击加号继续添加动作，命令层 P4，变更可见性，可见性选择"可见"，如图 4-82 所示。

（6）摆放四个 anchor 的位置，将 anchor1 放在子界面的第一部分区域，anchor2 放在子界面的第二部分区域，anchor3 放在子界面的第三部分区域，anchor4 放在子界面的第四部分区域，如图 4-83 所示。

（7）完成以上步骤，测试，导出。

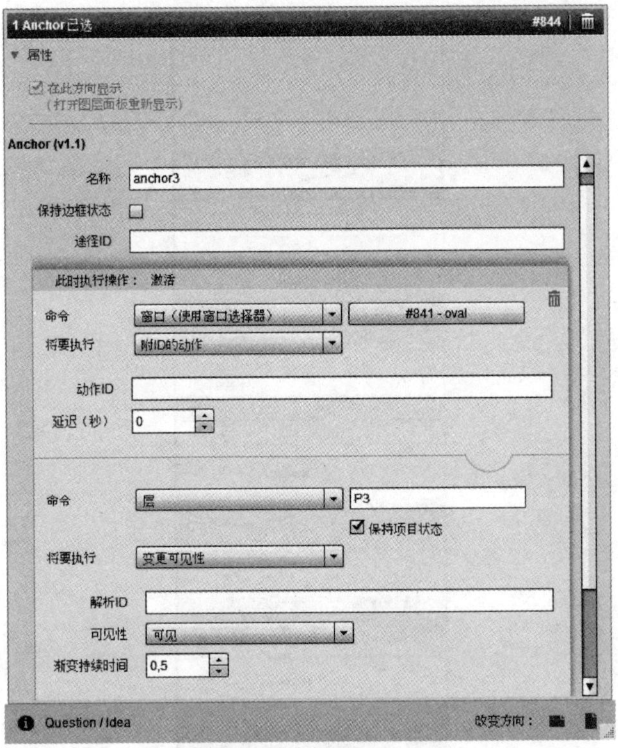

图 4-81　设置 anchor3 触发图层 3 可见

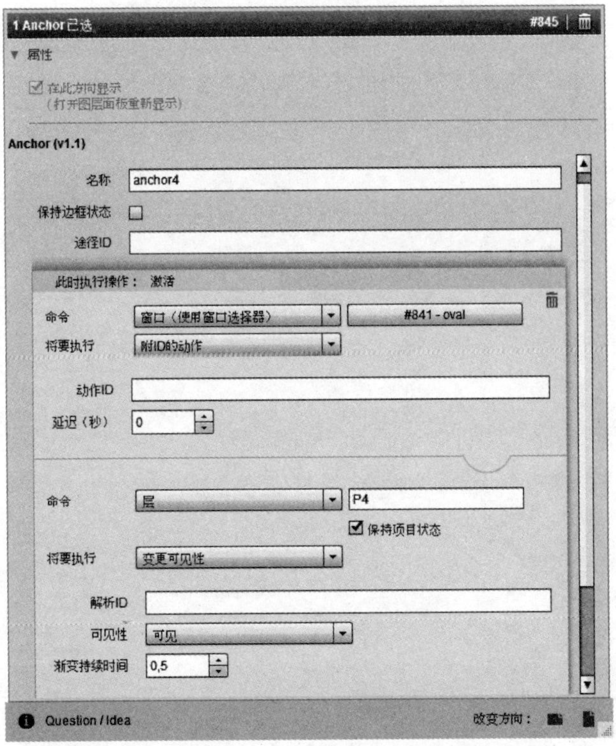

图 4-82　设置 anchor4 触发图层 4 可见

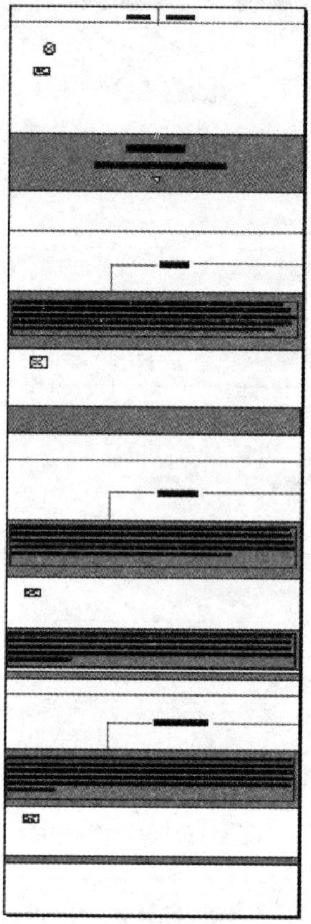

图 4-83 锚点分布在子界面不同位置

参考文献

[1] 高超. EPUB3.0 数字出版富媒体资源制作技术标准应用的研究 [J]. 科技咨询，2015（29），243-244.

[2] 宋晶晶. 当代电子书籍与纸质书籍的设计比较研究 [J]. 美术教育研究，2013（13），94-95.

[3] 周燕华，张前程. Indesign 数字出版完全攻略 [M]. 北京：人民邮电出版社，2012.

[4] 郭姮劭，江高举. Indesign 电子书制作完全手册 [M]. 北京：中国水利水电出版社，2014.

[5] Aquafadas Digital Publishing 帮助文档.